T0243843

Pío XII
El papa, defensor y salvador de los judíos

VICENTE CÁRCEL ORTÍ

PÍO XII

(1939-1958)

El papa, defensor y salvador de los judíos

SEKOTIA

Editorial Sekotia • Colección Biblioteca de Historia
Director editorial: Antonio Cuesta
Editor: Humberto Pérez Tomé Román
Maquetación: Miguel Andréu

www.sekotia.com
pedidos@almuzaralibros.com - info@almuzaralibros.com

Editorial Sekotia
Parque Logístico de Córdoba. Ctra. Palma del Río, km 4
C/8, Nave L2, nº 3. 14005 - Córdoba

Imprime: Gráficas La Paz
ISBN: 978-84-11313-11-7
Depósito: CO-1631-2022
Hecho e impreso en España - *Made and printed in Spain*

Índice

PRIMERA PARTE

LA VOZ SOLITARIA EN EL SILENCIO Y OSCURIDAD DE EUROPA

Fotografía de la coronación del papa Pío XII en 1939.

NOTA BIO-BIBLIOGRÁFICA DE PÍO XII

Eugenio Pacelli (Roma, 2 marzo de 1876 - Castel Gandolfo, 9 octubre de 1958) fue, sucesivamente, prosecretario de la Sagrada Congregación de Asuntos Eclesiásticos Extraordinarios (1912-1914) y secretario de la misma (1914-1917); arzobispo titular de Sardi y nuncio apostólico en Baviera (1917); nuncio apostólico en Alemania, nombrado el 23 de junio de 1920, al comienzo de las relaciones diplomáticas con el nuevo Estado; continuó al frente de la nunciatura en Baviera hasta el final de las negociaciones del concordato bávaro (29 marzo 1924) y al nombramiento del sucesor (9 junio 1925), dejando definitivamente Múnich el 18 de agosto de 1925. El 12 de junio de 1925 había sido nombrado nuncio apostólico ante el gobierno de Prusia. Creado cardenal por Pío XI en 1929, fue secretario de Estado desde el 9 de febrero de 1930 hasta la muerte del papa, el 10 de febrero de 1939. El 2 de marzo de 1939 fue elegido papa con el nombre de Pío XII.

Aunque se ha publicado mucho sobre este papa, no existe una biografía crítica de Pío XII y quizá tardará muchos años en hacerse, debido a la proximidad del personaje y a su complejidad, ya que fue una de las mayores personalidades de su tiempo y su impacto fue tan notable que entonces como ahora sigue siendo objeto de animados debates y discusiones.

Igino GIORDANI publicó *Pio XII, un grande papa* (Turín, 1961), una obra apologética.

Le Chiese di Pio XII, editado por A. Riccardi (Bari, Laterza, 1986). El título de esta obra engaña porque no se trata de una biografía del papa ni de una obra de síntesis sobre su pontificado, sino de las actas de un congreso celebrado en Bari y que recoge una serie de aportaciones que no tocan más que indirectamente los aspectos propiamente religiosos del pontificado; con todo, es interesante por los datos que aporta a la historia política del pontificado pacelliano.

Andrea RICCARDI, *Il potere del papa da Pio XII a Paolo VI* (Bari, Laterza, 1988, 2ª ed. 1993), analiza el tema en una amplia visión de conjunto.

La voz de Francesco TRANIELLO, «Pio XII», en *Enciclopedia dei Papi* (Roma, Istituto della Enciclopedia Italiana, 2000), pp. 632-645, y en *Dizionario biografico degli italiani*, 84, 58-68, es una buena síntesis biográfica y recoge la bibliografía más selecta y reciente sobre su pontificado.

Philippe CHENAUX, *Pie XII: diplomate et pasteur* (París, Éditions du Cerf, 2003) destaca estas dos características del pontífice.

Sobre su actividad como secretario de Estado, véanse los volúmenes de S. PAGANO – M. CHAPPIN – G. COCO (eds.), *I «Fogli di Udienza» del Cardinale Eugenio Pacelli, Segretario di Stato. I (1930)* (Collectanea Archivi Vaticani 72) (Città del Vaticano, Archivio Segreto Vaticano, 2010) y G. COCO – A. M. DIEGUEZ, *I «Fogli di Udienza» del Cardinale Eugenio Pacelli, Segretario di Stato. II (1931)* (Ibid. 2014). En particular, el extenso y muy bien documentado estudio de G. COCO, *Eugenio Pacelli, cardinale e Segretario di Stato (1929-1939)*, en el Vol. I, 39-143 y el de Pierre BLET, «Le cardinal Pacelli secrétaire d'État de Pie XI», en *Achille Ratti Pie XI*, a cura di Ph. Levillain, Roma 1996, 197-213.

Buena síntesis biográfica es la de Jean LeBlanc, *D'Agagianian à Wyszynski. Dictionnaire biographique des cardinaux de la première moitié du XXe siècle (1903-1958)* (Ottawa 2017), 539-557, que recoge una amplísima bibliografía.

EL CARDENAL PACELLI, SECRETARIO DE ESTADO

Pío XII (Eugenio Pacelli) tuvo un singular destino. Siendo un austero sacerdote romano, atravesó los años más difíciles de la historia europea y mundial del siglo XX como protagonista. Llegó a la suprema responsabilidad en la Iglesia con una larga experiencia diplomática y un gran conocimiento de los problemas del mundo contemporáneo.

Benedicto XV lo envió a Viena para conseguir del emperador de Austria que Italia no entrara en guerra. En 1917, el mismo papa lo consagró obispo y lo destinó como nuncio a Baviera.

Durante este primer período de permanencia en Alemania, visitó frecuentemente los campos de concentración de prisioneros y desarrolló una intensa actividad en favor de ellos y de sus familias lejanas. Al terminar la guerra, se prodigó para ayudar a los más necesitados. Entretanto, consiguió establecer relaciones diplomáticas con Berlín y con el gobierno del Reich, y en 1919 presentó sus cartas credenciales al presidente de la nueva República Alemana.

Durante su prolongada permanencia en Alemania, Pacelli mantuvo relaciones con el *reich* guillermino cuando todavía no existían las relaciones diplomáticas entre la Santa Sede y Alemania. Después, cuando el Imperio de Austria-Hungría pareció que buscaba la paz separada y fue colocado casi bajo tutela por su hermano mayor alemán, el nuncio en Viena, Valfré di Bonzo, quedó como desautorizado y todas las relaciones entre el Vaticano y los imperios centrales, deseosos de salvar el papel mundial de la plurisecular monarquía, pasaron por la capital bávara, donde el nuncio Pacelli pudo conocer directamente el comunismo armado y sus conatos insurreccionales pero, sobre todo, tuvo conocimiento del drama, grande y terrible, de la nación alemana, atenazada entre el sueño del poder mundial y el vértigo de la catástrofe.

El nuncio Pacelli fue un verdadero amigo del pueblo alemán en la hora de su tragedia, adquiriendo una especie de reconocido crédito que solamente una polémica menor cambió por compromiso ideológico. Instituida finalmente la nunciatura de Berlín, siguió toda la aventura de la llamada República de Weimar, entre crisis económica, revisionismo y renacimiento de un exasperado y turbio nacionalismo de perspectivas apocalípticas. La línea concordataria querida por Pío XI y llevada adelante por el primer nuncio en Berlín pretendía precisamente poner márgenes de carácter jurídico formal a una incontrolada voluntad de potencia que justamente se podía tener en cualquier caso de forma incontrolable. La misión diplomática de Pacelli demostró que el futuro Pío XII supo imponerse en los ambientes políticos alemanes y, lejos de ser un simple ejecutor, dio a conocer un sentido político y diplomático excepcionales en una coyuntura muy compleja. Fueron precisamente estos primeros años de su experiencia alemana los que marcaron al futuro pontífice.

Después, Pacelli fue llamado a asumir el cargo de máxima responsabilidad en la Santa Sede, la Secretaría de Estado, como sucesor y heredero del cardenal Gasparri. Comenzó esta tarea cuando más poderosos y amenazadores aparecían el anticlericalismo masónico, que tuvo su centro en México, el totalitarismo nazi en Berlín, el fascista en Roma y la dictadura bolchevique en Moscú. La actividad de Pacelli se centró en evitar persecuciones y fracturas, por una parte y, por otra, en defender los valores y salvaguardar los derechos de la Iglesia y de la humanidad. Fueron años de angustia marcados por la crisis económica y más tarde por la victoria nazi en Alemania.

En 1933 firmó el concordato con el Reich. Desarrolló toda su actividad en íntima colaboración con Pío XI para denunciar los horrores y las injusticias del racismo. Como secretario de Estado firmó sesenta notas diplomáticas enviadas a Berlín para protestar contra las medidas del régimen que atentaban contra los derechos de los católicos y los derechos humanos más elementales.

Eugenio Pacelli, nuncio en Baviera visitando en 1922 a un grupo de obispos.[Carl Baer (1854-1933)]

PÍO XII, UN PONTÍFICE INNOVADOR

El 2 de marzo de 1939 fue elegido papa y tomó el nombre de Pío XII para indicar la continuidad con su predecesor Pío XI, del que había sido su más fiel colaborador durante diez años como secretario de Estado.

El nuevo papa conocía perfectamente la situación internacional, con sus problemas y sus dificultades, sus crisis probables y sus soluciones posibles. Le interesaba ciertamente todo lo que afectaba a las naciones, al porvenir de la humanidad y a las cuestiones terrenas que, sin embargo, estaban tan unidas con las espirituales.

Elegido papa pocos meses antes del comienzo de la Segunda Guerra Mundial, fue durante el conflicto el único defensor de todos los perseguidos por la barbarie, porque su condena de la guerra fue la más alta y autorizada. Aunque la Santa Sede buscó el equilibrio internacional y la neutralidad para conseguir la paz, ante la impotencia política y diplomática tuvo que limitarse a las cuestiones de principios.

Hablar de Pío XII como «diplomático» es reductivo —aunque ejerció la diplomacia de forma eminente—, porque el papa fue, ante todo, un hombre de fe.

Debido a su carácter introvertido, acentuó la soledad de su gobierno, haciéndose casi secretario de Estado de sí mismo, en el marco de un fuerte centralismo decisional.

Pío XII fue precursor de la futura reforma litúrgica del Vaticano, desarrolló un abundante magisterio sobre los temas más diversos y elevó el prestigio del pontificado a niveles altísimos.

Sin las encíclicas de Pío XII no habrían salido del Vaticano II los más importantes documentos conciliares; su magisterio fue verdaderamente una luz en el silencio de su tiempo.

Pío XII no quiso colaboradores, sino ejecutores. Fue una personalidad extraordinaria, un hombre de oración y un severo asceta, muy exigente consigo mismo y con los otros, que concentró en su persona toda la responsabilidad y el trabajo de pontífice prescindiendo de comisiones y trámites curiales. Durante muchos años hizo personalmente los nombramientos de obispos y trató las cuestiones más delicadas valiéndose de la ayuda de un reducido grupo de personas de su máxima confianza, entre los que figuraban cinco jesuitas alemanes, entre ellos Bea, su confesor.

En 1924, con motivo del 900 aniversario de la ciudad de Bamberg en Baviera, tuvo lugar una gran procesión en presencia del ex príncipe heredero Ruprecht de Baviera, el ex rey Fernando de Bulgaria, el nuncio Pacelli, todos los arzobispos de Alemania y otras altas iglesias.

PÍO XII INTENTÓ EVITAR LA SEGUNDA GUERRA MUNDIAL

Los historiadores modernos pasan en silencio sobre el tema del papel del papado en las relaciones internacionales, sobre todo en el periodo precedente y durante la Segunda Guerra Mundial. Esta postura favorece la difusión de muchas fábulas, seguramente interesantes, pero alejadas de la realidad. Sobre todo si se tiene en cuenta todo lo que la Santa Sede hizo por impedir que se desencadenase la guerra en 1939, y el papel jugado por Pío XII en la ayuda a las víctimas de la misma.

Cuando en marzo de 1939 Pío XII se convirtió en papa, el mundo estaba en paz. E indudablemente, a través de discursos solemnes, llamamientos a los gobiernos, a los dirigentes políticos y la diplomacia secreta, intentó como nadie en el mundo impedir la guerra y restablecer la paz.

Pocos recuerdan que él propuso, en mayo de 1939, una conferencia entre Italia, Francia, Gran Bretaña, Alemania y Polonia para impedir el conflicto. Las respuestas negativas de algunos gobiernos no desanimaron al papa que, incluso al precipitarse la situación con el pacto germano-soviético, intentó intervenir. El 23 de agosto a las 19:00 horas, el papa habló por Radio Vaticana a los gobernantes del mundo insistiendo en que «nada se pierde con la paz. Todo se pierde con la guerra». Sin embargo, pocos días después, las tropas de la Wehrmacht cruzaron las fronteras polacas.

Pío XII intentó entonces mantener a Italia fuera de la guerra. El 21 de diciembre se encontró con el rey Víctor Manuel y la reina Elena. Y no obstante, aunque no se contemplara en el protocolo, él mismo intercambió la visita, con la intención de convencer a los soberanos a permanecer fuera del conflicto.

Cuando el ministro alemán de Asuntos Exteriores Joachim von Ribbentrop llegó a Roma en 1940, Pío XII quiso recibirlo en audiencia para exponerle las razones de la paz. Concertó además una doble intervención, una carta suya y otra del presidente americano Franklin Delano Roosevelt al jefe del gobierno italiano para persuadirlo de que no entrara en la guerra. Pero todo fue en vano.

Pío XII no solo no tenía simpatías filogermánicas sino que, por un documento del Foreign Office, resulta que estaba en contacto con los generales alemanes que querían derrocar a Hitler. Él mismo transmitió a Londres la propuesta para derrocar al dictador en la que se pedían garantías para una paz honorable. Pero los ingleses no se fiaron y dejaron caer en saco roto la iniciativa.

Resulta, además, por un documento que Blet encontró en el archivo de la embajada de Francia en Roma, que, en mayo de 1940, Pío XII hizo llegar secretamente a los embajadores de Francia e Inglaterra la fecha exacta en la que comenzaría la ofensiva alemana. Una información de importancia vital que Pío XII no tuvo dudas en comunicar.

La elección de Pío XII, en marzo de 1939, coincidió con una de las fases más difíciles y dramáticas de la historia del siglo XX porque Europa y el mundo estaban a punto de ser atropellados por una trágica y sangrienta experiencia, por una guerra que dejó heridas profundas y consecuencias incalculables.

Cuando el cardenal Pacelli fue elegido papa el momento histórico se caracterizaba por una difícil suspensión. El «espíritu de Múnich», es decir, la esperanza de paz que se nutría después de la Conferencia de Múnich del 30 de septiembre al 1 de octubre de 1938, no estaba todavía formalmente disperso y «ninguna nube» —por usar una expresión del primer ministro británico Chamberlain (1869-1940)—amenazaba el horizonte europeo. Pero el peligro de la guerra no había desaparecido completamente. El mismo Chamberlain, en la visita que le hizo a Pío XI el 13 de enero de 1939, le manifestó al papa su desconfianza en la voluntad de paz de Hitler y Mussolini.

El 30 de enero, el *Fürher*, en un discurso al *Reichstag*, amenazó con las mayores retorsiones a los hebreos, considerados *a priori* responsables de una guerra que estallaría por la oposición de las potencias occidentales a la expansión alemana en la Europa centro-oriental. Sin embargo, ningún paso irreparable hacia el conflicto había sido dado y todo podía ser salvado a condición de que prevaleciera la buena voluntad hacia la paz.

La Segunda Guerra Mundial apareció inmediatamente muy diferente a la anterior. No se trató de una guerra partidista más en el cuadro de una lógica interna a las culturas nacionales, basada en la reafirmación del prestigio y de la fuerza y en las reivindicaciones territoriales y de fronteras, o en la lógica de la búsqueda de equilibrios internacionales para conseguir la base de nuevas relaciones de fuerza.

Con la Segunda Guerra Mundial, la política de los equilibrios entre los estados nacionales fue superada por un duro choque de naturaleza ideológica. Ya no estuvieron más en juego los principios de nacionalidad y las cuestiones fronterizas, sino la destrucción y la sumisión del enemigo. La guerra total borró las antiguas normas, implicando a las poblaciones civiles, víctimas inocentes de los bombardeos aéreos, de las persecuciones raciales, de matanzas y violencias inauditas: las atrocidades y el genocidio se convirtieron en métodos de dominio y control de los países ocupados. Una realidad frente a la cual apareció extremadamente difícil el arma de la imparcialidad.

Cuatro años antes de su elección, en mayo de 1935, el cardenal Pacelli, enviado a Budapest como legado pontificio para el Congreso Eucarístico Internacional, pronunció una frase en nombre del papa, que él consideró extraordinariamente significativa: «Doy gracias a Dios cada día por haberme hecho vivir en las circunstancias presentes. Esta crisis, tan profunda y universal, es única en la historia de la humanidad. El bien y el mal se han enfrentado en un duelo gigantesco. Nadie tiene, pues, derecho a ser mediocre».

Poco menos de cuatro años después, el 2 de marzo de 1939, en un cónclave breve y consciente de la gravedad de la hora, el mismo cardenal que había gozado de la plena confianza de Pío XI, se convirtió en su sucesor en la sede de Pedro y puso en evidencia un signo de continuidad con el nombre que asumió.

Frente a la crisis que estaba llevando Europa a un conflicto de excepcionales proporciones, el nuevo pontífice, que tenía una larga y sólida experiencia diplomática, trató de valerse de los mismos instrumentos que veinticinco años antes Benedicto XV había utilizado durante la Primera Guerra Mundial, es decir, de una posición de equidistancia entre las partes y de una acción ante las cancillerías europeas, tendientes a la mediación y a la pacificación. Una fórmula que permitió a la Santa Sede salir de dicha guerra, en 1918, con renovado prestigio.

Pío XII intentó seguir el camino trazado por el papa de la «inútil masacre», reivindicando la superioridad de la Santa Sede frente a los contendientes, la libertad para los católicos de los países en conflicto, la posibilidad de obrar mediaciones diplomáticas y de intervenir en apoyo de las poblaciones golpeadas por la guerra. Como Benedicto XV había apelado a terminar con la «inútil masacre», desoído por todas las partes del primer conflicto, así Pío XII apeló a la sensatez y a la humanidad por todos y para todos. Pero fue desoído por las partes de este gran conflicto, acabado con la nueva barbarie de la bomba atómica.

Apenas elegido papa, Pío XII no tardó en avalar la condena del nazismo y del comunismo, lanzada por su predecesor en marzo de 1937 con las dos famosas encíclicas: *Mit brennender Sorge* y *Divini Redemptoris.* El radiomensaje del 3 de marzo y la homilía de Pascua de 1939 son las pruebas irrefutables de la atención de Pío XII por los problemas de la paz. Él propuso un «nuevo orden internacional», basado no sobre cuanto dictaron las potencias del Eje, sino basado en los principios de la coexistencia y de la colaboración entre los Estados.

La imparcialidad de Pío XII no debe ser confundida con «neutralidad», pues la Santa Sede no fue nunca indiferente al problema de la paz como bien común. Si la guerra cambiaba los destinos de algunos pueblos, la piedad permanecía como valor universal al cual el papa no podía ni debía sustraerse. Él no era «neutro» porque le preocupaba la suerte tanto de los polacos como de los alemanes. Es más, la antirreligiosidad del nazismo empujó a la Santa Sede a ser dinámica para tutelar a los católicos alemanes y evitar que los polacos fuesen absorbidos totalmente por posiciones nacionalistas extremas.

Resulta extraño que, en septiembre de 1939, las potencias occidentales se substrajeran a las relaciones más estrechas con Pío XII, precisamente cuando deseaban del papa una clamorosa denuncia del nazismo. No veían estas potencias que tal denuncia ya había sido hecha; que de ella podía surgir una colaboración entre la Santa Sede y los occidentales para salvar la paz; que una denuncia en forma espectacular habría producido pésimos resultados, comprometiendo el destino de millones de personas. Por otra parte, ninguna de dichas potencias había hecho denuncia alguna contra el nazismo en los siete años precedentes a la guerra. Cuando se le acusa a Pío XII de haber permanecido extraño a la cuestión de la paz, se olvida el aislamiento que le fue impuesto por las grandes potencias europeas en un momento crucial de la historia de la humanidad.

POLÍTICA DEL PAPA

La política de Pío XII no encontró ni consentimiento ni espacio de maniobra. No se puede entender el magisterio y la obra del papa sin conocer su celo ardiente por la salvación de todos los hombres. Tuvo acérrimos enemigos cuando, desde el principio de su pontificado, empezó la intensa campaña para proclamar antes, y para defender luego, el derecho natural de la persona humana y la entera sociedad humana, compuesta por los pueblos con sus culturas. Filosofías que se resolvieron en antropologías ateas y materialistas que provenían de la misma raíz del 700; escuelas de distintas ciencias, juristas y políticos, permanecieron sordos a la llamada, o la combatieron con las armas de la propaganda. ¿Qué fue la Segunda Guerra Mundial sino una negación universal, una verdadera comunión de hecho entre los enemigos, llevada contra el derecho natural? También algunos teólogos y moralistas hicieron juicios negativos.

Durante la crisis que precedió al estallido de la guerra, la política de Pío XII se orientó en dos direcciones: por un lado, la condena moral de la guerra y, por el otro, el intento de mediación entre los Estados beligerantes para llegar a una solución pacífica. Ya desde los días de la crisis de Danzig, con el radiomensaje del 24 de agosto de 1939, el pontífice volvió a llamar a los valores de la justicia, de la moral y de la razón, recordando a los poderosos que nada se perdía con la paz y todo podía quedar perdido con la guerra.

Al final de agosto de 1939, al agravarse la crisis, Pío XII tomó iniciativas de mediación diplomática, dirigiéndose directamente a las cinco grandes potencias europeas, invitándolas a encontrar una solución y haciendo presiones sobre la misma Polonia, empujándola a asumir una actitud más dúctil frente a las pretensiones alemanas, con tal de salvar la paz. Pero el estallido de la guerra truncó toda iniciativa mediadora de Pío XII y de la Secretaría de Estado vaticana. Las intervenciones del papa se dirigieron predominantemente a indicar las bases de una convivencia civil e internacional inspirada en los valores cristianos y, por tanto, capaz de garantizar la paz en la justicia y el derecho.

Con la encíclica *Summi Pontificatus* del 20 de octubre de 1939, el pontífice rechazó la idea del Estado totalitario, afirmando que la concepción que asigna al Estado una autoridad ilimitada, además de ser un error pernicioso para la vida interior de las naciones, para su prosperidad y para un mayor y más ordenado incremento de su bienestar, perjudica las relaciones entre los pueblos, porque quita fundamento y valor al derecho de los pueblos, abre «la vía a la violación de los derechos ajenos y hace difícil el acuerdo y la convivencia pacífica».

En la alocución navideña al colegio cardenalicio, el 24 de diciembre de 1939, Pío XII retomó los mismos argumentos de su primera encíclica y recordó los intentos realizados hasta lo último para evitar lo peor y para persuadir a los hombres, en cuyas manos estaba la fuerza y sobre cuyos hombros pesaba una gran responsabilidad, a desistir de un conflicto armado y ahorrarle al mundo imprevisibles desgracias. La falta de voluntad por encontrar un acuerdo y sobre todo la difundida desconfianza en el respeto de los pactos firmados, llegó a paralizar todo esfuerzo para promover una solución pacífica. La última parte del documento fue dedicada al presidente de los Estados Unidos, F. D. Roosevelt (1882-1945), que justo en aquellos días había nombrado a Myron Taylor (1874-1959) como su representante, con el rango de embajador extraordinario ante la Santa Sede, a pesar de la hostilidad de algunos grupos protestantes. El papa, al acoger con satisfacción este gesto, lo juzgó «una válida y prometedora contribución a Nuestra solicitud, sea para la consecución de una paz justa y honorable, sea para una más eficaz y amplia obra tendiente a aliviar los sufrimientos de las víctimas de la guerra». Se trató de un claro cambio que superó la tradición eurocéntrica de la Iglesia. La atención se extendió a una visión global, de la historia y de la humanidad.

Se mantuvo viva en los primeros meses de 1940 la esperanza de Pío XII, de que Italia quedara fuera del conflicto, de que la neutralidad declarada por Mussolini después de la agresión alemana a Polonia pudiera encontrar confirmación. Sus expectativas quedaron decepcionadas. No fue válida ni siquiera la carta que el pontífice en persona le dirigió al *Duce*, el 24 de abril de 1940, invitándolo a evitarle a Italia la tragedia de la guerra. La carta de Pío XII encontró en Mussolini una acogida «escéptica, fría, sarcástica», como el ministro Ciano (1903-1944) apuntó en su diario.

El papa Pío XI y Eugenio Pacelli en la inauguración de la radio vaticana en 1931 Al fondo, Guglielmo Marconi.

INTERVENCIONES PÚBLICAS DE PÍO XII CONTRA LA GUERRA

En las intervenciones públicas de Pío XII fueron frecuentes las tomas de posición muy firmes para condenar los métodos feroces y los horrores de la guerra. Las referencias del papa son claras, las afirmaciones netas e inequívocas. No hay que olvidar, además, que en todo el mundo, los que llamaron a las puertas de los conventos, de los seminarios, de las iglesias, de las guarderías y de los hospitales, encontraron ayuda y refugio. Se puede decir que cada diócesis en donde arreció el conflicto y la persecución, la Iglesia cumplió con la tarea de la defensa y la protección de los evacuados, de los judíos y de los perseguidos políticos sin distinción de partidos ni ideologías, con gran ánimo, pagando incluso, en muchos casos, las consecuencias de esta dedicación, que se alimentó de los valores de la solidaridad cristiana respecto a quien tuvo necesidad de ayuda y protección, respecto a quien fue golpeado directamente por los horrores, las destrucciones y la muerte.

Pío XII tuvo también un papel fundamental en el proceso de maduración de las grandes masas, desengañadas ante la búsqueda de nuevos y sólidos fundamentos para construir sobre las ruinas de la guerra un nuevo orden inspirado en los valores cristianos. La idea de una paz basada en el derecho y la justicia está muy presente en los documentos de Pío XII, en particular en el radiomensaje navideño de 1942, en el que encontramos la referencia no a un orden forzado y ficticio, sino basado en la vuelta de anchas e influyentes clases sociales a la recta concepción social. En estas indicaciones de un nuevo orden cristiano se constata el rechazo del totalitarismo y la reafirmación del valor de la persona humana, que debe ser partícipe del orden, de la actividad legislativa y ejecutiva, del pensamiento social, de las expectativas y de las esperanzas de los hombres. Pío XII también rechazó la idea de una política extraña a las instancias éticas y religiosas, y a la eterna fuente de su dignidad, Dios.

Objetivo idéntico, sagrado y obligatorio de toda sociedad y de todo orden era el desarrollo de los valores personales del hombre como imagen de Dios, al que fue posible llegar rechazando las peligrosas teorías y reglas infaustas para la comunidad y su cohesión, las cuales tuvieron su origen y difusión en una serie de postulados erróneos, —que Pío XII indicó en el positivismo jurídico—, en la concepción que reivindica a particulares naciones, o a estirpes o clases el instinto jurídico como último imperativo e inapelable norma y, por fin, en las teorías que consideran al Estado como una entidad absoluta y suprema, eximida de control y de crítica, incluso cuando sus postulados teóricos y prácticos desembocan y llegan a la abierta negación de los datos esenciales de la conciencia humana y cristiana.

El papa reivindicó, además, el derecho del hombre a los bienes de la tierra como fundamento natural para vivir, y el rechazo de una dependencia y servidumbre económica del obrero, inconciliable con sus derechos de persona. Esta perspectiva, traducida y difundida por obispos y sacerdotes tanto en las ciudades como en los más apartados lugares de campo, ejerció una indudable fuerza que no puede ser desatendida en la historia de aquellos años. Ni debe ser olvidado que aquellas indicaciones tuvieron, en su esencia, la base misma de la democracia que, en el radiomensaje de la Navidad de 1944, Pío XII indicó como el sistema político que le ofrece al ciudadano la conciencia de su personalidad, de sus deberes y de sus derechos, de la misma libertad, junto con el respeto de la libertad y la dignidad ajenas.

Pío XII se fijó el objetivo de un retorno a un tipo de nueva *respublica christiana*, a una comunidad de pueblos, unida por el vínculo de la ley evangélica, frente a la cual la Iglesia debía presentarse como maestra y guía. Para el pontífice, la tarea de los hombres de Estado era la de favorecer esta perspectiva de orden interior e internacional, y la de abrir las puertas a la Iglesia, allanarle el camino, cooperar con ella «con su celo y con su amor», para curar las heridas de la guerra.

LABOR HUMANITARIA DE LA SANTA SEDE

Desde septiembre de 1939 hasta el final de la guerra, la atención de Pío XII se orientó en varias direcciones:

- atenuar los dolores y horrores de la guerra;
- obtener la suspensión de los bombardeos contra poblaciones civiles, con una particular insistencia por la ciudad de Roma;
- comunicar noticias sobre la suerte de combatientes y civiles;
- asistir material y moralmente a quienes estaban sin techo y sin medios de subsistencia;
- salvar innumerables víctimas de la guerra, entre las cuales había cientos de miles de hebreos;
- vigilar para aprovechar cualquier ocasión propicia para abreviar o componer el conflicto;
- oponerse a la llamada «redición incondicionada», que a juicio de la Santa Sede estaba destinada a prolongar el conflicto y a reforzar los elementos de subversión, en primer lugar los comunistas.

Esta fue, en sustancia, la labor humanitaria desplegada por Pío XII, quien, en el discurso dirigido en enero de 1945 a los administradores provinciales de Roma, indicó el espesor humanista de su actividad eclesial. A las atrocidades y a los horrores de la guerra, el papa contrapuso la serenidad fecunda del trabajo humano.

En la carta *Quamvis plane*, dirigida al cardenal Maglione el 20 de abril de 1941, Pío XII renovó la petición de oraciones para conseguir la paz entre los pueblos, y el 18 de diciembre de 1947 publicó la encíclica *Optatissima pax* en la que de nuevo solicitó oraciones públicas para la pacificación de las clases sociales y de los pueblos.

La documentación publicada en los doce volúmenes de las *Actes et documents du Saint-Siège relatifs à la Seconde Guerre Mondiale* (ADss), aparecidos entre 1965 y 1981, hace ver:

- la situación en la cual la guerra puso al papa, con las informaciones más o menos completas que le llegaban; los recursos que se hacían a su influjo moral y religioso, que algunos imaginaban ilimitado y que cada uno trataba de utilizar en favor de su propia causa;
- sus esfuerzos para salvar lo que podía ser salvado, conservando la imparcialidad entre las partes en guerra, y sus pasos para evitar el conflicto;
- los intentos para contenerlo y,
- cuando estalló a escala europea y más tarde mundial, su tarea para aliviar los sufrimientos y socorrer a las víctimas.

Pío XII hizo todo lo posible para alejar ante todo el peligro de la guerra: pasos secretos, discursos solemnes, llamamientos patéticos a los pueblos y a sus gobernantes, insistiendo para que fuese evitada toda provocación, especialmente entre Polonia y Alemania. Su política durante el tiempo de la guerra consistió en aprovechar las ocasiones para encaminar a los pueblos hacia la conclusión de una paz honorable para todos y, entretanto, levantarlos de las terribles heridas ya infligidas o que serían infligidas en el futuro. Su primera preocupación fue la de impedir que Italia entrara en guerra.

A *Polonia*, mártir por la más injusta y despiadada de las ocupaciones, el papa dirigió un sentido recuerdo en su encíclica inaugural, la *Summi Pontificatus*. La diplomacia occidental no cesó de presionar a Pío XII para una acción de masa neta hacia Berlín y Moscú. La defensa del pontífice fue hecha por Mons. Montini, quien explicó que la Santa Sede no quería una paz taimada, ni quería ser instrumentalizada por quien no había escuchado sus llamamientos. Dicha encíclica ha sido considerada como «el grito de dolor» de toda la nación polaca y un manifiesto orgánico de los principios de coexistencia y cooperación.

El mensaje pontificio de Navidad de 1939 fue después la ocasión para deplorar la premeditada agresión contra un pequeño, laborioso y pacífico pueblo, con el pretexto de una amenaza no existente, no querida y ni siquiera posible. En esta nación, la mayor parte de los obispos participaron de los sufrimientos del pueblo. Símbolo de esta actitud fue el franciscano Maximiliano Kolbe, que murió mártir de la caridad en el campo de concentración de Auschwitz el 14 de agosto de 1951, pero también junto a él hubo numerosos sacerdotes deportados polacos, franceses, italianos, alemanes, etc.

Hay que destacar como muy importante y significativa la actividad caritativa y humanitaria de la Santa Sede. Era el signo de que, a pesar de la secularización de la sociedad, la Iglesia católica seguía siendo consciente de su acción humanitaria, íntimamente ligada a su misión religiosa. Y dicha acción, coordinada también con otras fuerzas «humanitarias» (como el Comité Internacional de la Cruz Roja o las diversas Organizaciones judías), llegó a todas las víctimas de la guerra, sin distinciones de nacionalidades, raza, religión o partido.

Frente a todos los obstáculos, la Santa Sede mostró una tenaz obstinación y una perseverancia dignas de la nobleza y de las finalidades que ella se había prefijado —esto es, por usar los términos pacellianos—, «hacer la guerra más humana, aliviar los males y socorrer y consolar a las víctimas».

En mayo de 1952, Pío XII llegó a preguntarse: «¿Qué cosa habríamos podido hacer que no hicimos?». Y él mismo respondió diciendo que para evitar la guerra, para aliviar los sufrimientos, para disminuir el número de las víctimas, había hecho todo lo que él creía que había podido hacer.

Pero el papel del pontífice fue más allá de esta acción diplomática tendente a conducir a los contendientes a la razón. Bajo la guía de Pío XII, la Iglesia de Roma fue un punto de referencia, de apoyo, de alivio y de ayuda para toda la humanidad doliente, para aquella que más que los otros padeció las consecuencias de una guerra en la que los hombres habían perdido todo sentido de humanidad y piedad. En las miles y miles de páginas de las ADss, está la documentación directa de una acción constante contra las persecuciones y las deportaciones en masa; ahí se encuentran las intervenciones ante las cancillerías europeas y la Cruz Roja y otras instituciones, para lograr iniciativas humanitarias a favor de las víctimas de la guerra, la ayuda y la protección prestadas directamente en defensa de los perseguidos, las intervenciones diplomáticas de protesta y condena de los métodos usados por los nazis en la guerra.

LA RED DE ASISTENCIA VATICANA DURANTE LA SEGUNDA GUERRA MUNDIAL

Para ayudar a las víctimas de la guerra, Pío XII instituyó la Pontificia Obra de Asistencia (POA) y la Oficina de Información Vaticana, que se ocupó de más de once millones de casos de personas dispersas y que se procuró buscar. Ambas iniciativas constituyeron una prueba concreta del amor y de la compasión del papa hacia la humanidad herida por la guerra. No debe silenciarse —sobre todo porque ha sido calumniosamente ignorada o deformada— su actividad en favor de los hebreos perseguidos[1].

---

1   Los dos volúmenes publicados por el Archivo Secreto Vaticano con el título *Inter Arma Caritas. l'Ufficio informazioni vaticano per i prigionieri di guerra istituito da Pio XII, 1939-1947* (Collectanea Archivi Vaticani, 52). Città del Vaticano 2004) han permitido descubrir cómo estaba organizada la red de asistencia a las víctimas de la segunda guerra mundial creada por la Santa Sede. Francesca di Giovanni y Giuseppina Roselli, historiadoras y funcionarias del Archivo Secreto Vaticano, explican en la introducción de esta obra editorial la historia de la Oficina de Informaciones Vaticana (1939-1947), organismo creado por Pío XII para responder a las numerosas peticiones de personas que no sabían nada de sus seres queridos. La sede de la Oficina se encontraba en un primer momento dentro de la Secretaría de Estado, en la Sección de Asuntos Ordinarios, en el Patio de San Dámaso. Era dirigida por el obispo ruso monseñor Alexander Evreinoff, asistido por un secretario, el sacerdote Emilio Rossi.

La actividad de la Oficina de Informaciones Vaticana experimentó un cambio importante con el avance alemán en los Países Bajos, Bélgica y Francia, a partir de la primavera de 1940, y con la entrada de Italia en la guerra, el 10 de junio. El número de peticiones de información se elevó a centenares al día, de modo que la oficina tuvo que aumentar el personal, pasando de dos a dieciséis personas. Dadas las dificultades para comunicar con las poblaciones de los países ocupados, surgió la idea de utilizar la colaboración de «Radio Vaticano». Los llamamientos radiofónicos para pedir u ofrecer informaciones o respuestas de refugiados o personas desaparecidas comenzaron el 20 de junio de 1940. En 1944, «Radio Vaticano» llegó a transmitir 63 programas semanales dedicados exclusivamente a ofrecer este tipo de informaciones, lanzando 27.000 mensajes al mes.

La radio pontificia transmitía, en días y horarios establecidos, listas con los nombres de los prisioneros —civiles o militares— y de los desaparecidos o refugiados, con noticias y mensajes captados por las nunciaturas, las delegaciones pontificias y las curias diocesanas, que trataban después de transmitir a las familias. Para agilizar y aumentar los mensajes, se pronunciaban números convencionales en sustitución de frases. Por ejemplo, el número 3 significaba «estoy bien», el número 11 quería decir «espero vuestras noticias» y el número 13 «mi dirección es la siguiente».

A inicios de 1941, al extenderse la guerra, aumentaron las peticiones dirigidas a la Oficina de Informaciones Vaticana (unas dos mil al día). Los empleados aumentaron hasta cien, obligando a cambiar de lugar las oficinas. El 1 de abril de 1941 la Oficina se transfirió al Palacio de San Carlos dentro del territorio vaticano. La nueva sede se dividió en dos partes. Una se destinó al trabajo interno y la otra a la acogida de centenares de personas que acudían a estos locales para pedir información de sus seres queridos y rellenar los formularios. Eran, sin embargo, mucho más numerosas las peticiones que llegaban por correo. Por cada carta se rellenaba una ficha a la que se le daba un número de protocolo. La oficina acogía estas peticiones sin distinción de raza, religión, nacionalidad o estado social. Los registros creados por las diferentes secciones de la Oficina de

Informaciones, divididos por miles, se depositaban al final del día en cajas de madera. Este fichero de la Oficina se actualizaba cotidianamente. Para poder realizar este inmenso trabajo, se pidió ayuda a voluntarios de la Acción Católica y a numerosas religiosas presentes en Roma pertenecientes a decenas de congregaciones religiosas. Transmitidas estas peticiones a las diferentes representaciones pontificias en el mundo, los formularios respondidos eran recogidos por la sección de respuestas, encargada de la actualización de cada una de las fichas y de la transmisión de las noticias a las familias.

Cada semana, el sustituto de la Secretaría de Estado, monseñor Montini, convocaba una reunión en la que participaban el obispo Evreinoff, el padre Rossi y monseñor Angelo Baragel en representación de «Radio Vaticano», junto a otros obispos y funcionarios de la curia romana. Las actas de estas reuniones eran después presentadas al papa para su aprobación. Los principales interlocutores, en contacto continuo con la Oficina, eran los representantes pontificios en los diferentes países —nuncios, delegados apostólicos, vicarios— que en sus sedes habían organizado oficinas de información, siguiendo el modelo a la creada en el Vaticano.

Estas oficinas recibían los módulos enviados por la Santa Sede y enviaban diariamente, a través de un mensajero, las respuestas y peticiones en formularios impresos con el escudo de la representación pontificia. Además, durante las periódicas visitas pastorales a campos de concentración, hospitales, etc., los mismos representantes del papa, además de responder a las necesidades espirituales y de ofrecer consuelo, distribuían entre los prisioneros correo y ayudas: libros, medicinas, alimentos, vestidos, tabaco, instrumentos musicales, etc.

La sección alemana de la Oficina tenía entre sus funciones atender a los ciudadanos judíos residentes en los territorios ocupados y controlados por Alemania. La correspondencia dirigida a alemanes y eslavos de religión judía era con frecuencia bloqueada o rechazada por la censura alemana. De los judíos de Eslovaquia a Croacia se ocupaba la Obra de San Rafael, dirigida por el padre Anton Weber en la iglesia de los padres palotinos en Roma. En la segunda mitad de 1942, para promover la divulgación de estas noticias, la Oficina de Informaciones publicó la revista mensual «Ecclesia», cuyo creador y director fue monseñor Montini. Se convirtió en el órgano informativo impreso de la Oficina vaticana de septiembre de 1942 hasta diciembre de 1945. En 1943, la Oficina alcanzó el momento de su máxima actividad, con decenas de miles de peticiones cotidianas. En ese período, llegaron a trabajar seiscientas personas. La Oficina de Informaciones Vaticana cerró sus actividades el 31 de octubre de 1947.

La obra de asistencia de Pío XII fue tan notable que, en 1955, cuando Italia celebró el décimo aniversario de la Liberación, la Unión de las Comunidades Israelitas de ese país proclamó el 17 de abril «Día de la gratitud» por la asistencia proporcionada por el Papa durante el periodo de la guerra.

LUCHA DE PÍO XII CONTRA EL
PAGANISMO Y EL ATEÍSMO

En la encíclica *Summi Pontificatus,* Pío XII indicó como obstáculos para la difusión del mensaje cristiano tanto el paganismo como el ateísmo. Estas dos tendencias estaban representadas, respectivamente, por el laicismo internacional y por el comunismo ateo. Las dos tenían que ser combatidas juntas porque ambas estaban guiadas por la aversión contra el cristianismo.

Esta lucha ha sido juzgada a menudo como una indebida intromisión en la vida política por parte de la Iglesia, como sujeto activo y operante. En realidad, Pío XII no se opuso para nada ni a los objetos específicos de los que se ocupaban el fascismo y el comunismo —la nación y la clase obrera—, ni al ámbito de competencia en el que se producía tal interés. La patria era considerada más bien como fuente potente e insustituible de agregación de la sociedad; la economía era considerada con el honor que se merece, en cuanto productora y repartidora de los bienes que Dios ha creado para todos los hombres y que deben llegar a todos, según los principios de la caridad.

El trabajo era considerado por el papa como un real derecho natural, como resulta en la homilía pascual de 1939, en el radiomensaje del 24 de agosto de 1939 y en la carta que, en su nombre, Mons. Montini envió el 9 de noviembre de 1953 al alcalde de

Florencia, empeñado en defender la ocupación obrera amenazada en un establecimiento.

El trabajo es uno de los principales reveladores de la dignidad, la excelencia y la capacidad del hombre que, por ello, es elevado al sumo honor, como dijo en el radiomensaje navideño de 1942, en el discurso a los obreros en Pentecostés de 1943 y en la cristianización del primero de mayo, al instituir la fiesta litúrgica de san José Obrero, patrono de los trabajadores.

Parecido fue el juicio sobre la política, que tuvo como protagonista al Estado, un ente moral basado en el orden ético del mundo, según dijo el papa en la alocución del 5 de agosto de 1950, aunque no pueda pretender jamás el alma de los que le están sometidos. Lo que el papa no aceptó fue la absolutización que tanto el nazi-fascismo como el comunismo hicieron de los elementos necesarios y nobles de la vida social, como la nación y la clase, siempre particulares. La absolutización de elementos que pertenecen a la historia, es decir, de lo contingente y de lo transitorio, es a su vez el resultado inevitable de una vuelta al paganismo y de la entrada en el camino del ateísmo.

Para combatir el paganismo y el ateísmo, era necesaria la acción. Esta, sin embargo, sería estéril si no dependía de motivaciones de orden espiritual. Pío XII afrontó el fascismo internacional, que se encarnó en el fascismo italiano y en el nacionalsocialismo alemán, con un proyecto orgánico consistente en actuar sobre él con una presión tal que llegase a provocar la separación de las dos tendencias principales: el extremismo imperialista, que quería solucionar los problemas con la fuerza y con el egoísmo (del que eran exponentes Hitler y Mussolini) y la tendencia conservadora, preocupada de la estabilidad ideal, cultural, económica y social. El instrumento para provocar esta escisión fue un signo de contradicción, positivo para los conservadores y negativo para los extremistas: la paz.

Así, se dirigió sobre todo a Hitler cuando, en el radiomensaje del 24 de agosto de 1939, pronunció, a modo de admonición, la famosa frase: «Nada está perdido con la paz, todo puede perderse con la guerra». En este sentido, apoyó la política de Chamberlain, dirigida también a separar las dos almas del fascismo, y se convirtió en el punto de referencia de aquella oposición conservadora, confluida luego en la Resistencia, que, tanto en Italia como en Alemania, tuvo un papel fundamental en la disolución, en la descalificación ideal y política, y en la derrota del fascismo.

Particularmente, en el período más agudo de la Guerra Fría, la Iglesia sufrió mucho por las persecuciones comunistas. En 1952 fueron asesinados, encarcelados o desterrados, en los países del telón de acero, 161 miembros de la Jerarquía, entre los cuales 3 cardenales, 31 arzobispos, 100 obispos y 27 prelados. Entre ellos, el cardenal Mindszenty, primado de Hungría, arrestado el 27 de diciembre de 1948 y condenado a cadena perpetua, y el hoy beato Stepinac, arzobispo de Zagreb, condenado en 1946 a dieciséis años de trabajos forzados.

Pío XII no quiso limitarse a protestas eclesiales, aunque estas no faltaron, y culminó con la excomunión reservada al Santo Oficio, con decreto del 1 de julio de 1949, no solo a los jefes y los militantes, sino también a los que apoyaban el comunismo con el voto. Además, concedió la púrpura cardenalicia a Mons. Stepinac, para quien los trabajos forzados habían sido conmutados en detenciones forzadas en domicilios aislados (1953).

Grandes manifestaciones populares acompañaron por todo el mundo el dolor de la Iglesia por estas condenas que provocaron sensación, pero que no fueron sino las puntas de un vasto iceberg de persecución, y constituyeron una importante contribución a la crisis del estalinismo, es decir, a la fase más torpe e inhumanamente represiva que tuvo el comunismo hasta la mitad de los años 50.

La lucha contra el comunismo se volvió mucho más difícil que la lucha contra el nacional-imperialismo por el indudable atractivo ejercido por su ideología entre las masas populares, sedientas de justicia social. También contra el comunismo, Pío XII aplicó el mismo método que había tenido éxito con el fascismo internacional: trató de separar el partido de las masas populares. Sin embargo, el éxito esta vez fue solo parcial porque los tiempos no habían madurado todavía y la situación mundial se desarrolló según modelos muy diferentes de los previstos.

El interés por la paz no disminuyó en Pío XII ni siquiera en el período más dramático de la Guerra Fría, entre 1947 y la muerte de Stalin (marzo de 1953), cuando el mundo quedó dividido en dos bloques y la dimensión política parecía prevalecer sobre las demás. Pío XII no cedió a fáciles tentaciones, tanto que en el radiomensaje navideño de 1948 se declaró a favor de la ONU como institución en la que todos se podían reconocer y que estaba en condiciones de garantizar la paz.

El cambio se dio después de la muerte de Stalin. El terreno de la descolonización, en el que los sucesores del dictador georgiano desafiaron a Occidente, y de modo particular a los Estados europeos poseedores de colonias, no provocó miedo a Pío XII, quien, más bien, aprovechó la ocasión para mostrar el rostro universal de la Iglesia.

La plataforma de lanzamiento fue de nuevo la paz, que asumió cada vez más, en el magisterio y en la pastoral del pontífice, el puesto de honor, que hasta hacía poco tiempo había ocultado el motivo de la civilización cristiana que había que defender y promover. Por una parte, se reveló ilusoria la posibilidad de informar con principios cristianos el hemisferio mundial controlado por Occidente; por otra parte, la crisis demográfica, que se sumó a la pérdida del prestigio político, demostró que el occidentalismo no podía ser la guía del mundo.

Como ya ocurrió más de una vez en el pasado, el cambio se anunció con un mensaje navideño, en 1953. En él, Pío XII definió la paz como el bien más grande que puedan desear y conseguir los hombres, los cuales, sin embargo, no pueden pensar que esta se base solamente en una distribución más ecuánime de los bienes económicos. Una semana más tarde, el primero de enero de 1954, invocó la intercesión de María, para que descendiera un río de paz en el mundo. La audiencia que concedió a los participantes de la X Asamblea Plenaria de *Pax romana*, el 24 de julio de 1957, fue un verdadero himno a la paz, un sello místico y profético a una tensión espiritual que acompañó todo su magisterio pontificio.

El contenido más claro y profético de esta tensión hacia la universalidad de la Iglesia ya había sido expuesto el 6 de septiembre de

1955, en la audiencia concedida a los participantes del X Congreso Internacional de las Ciencias Históricas. Si la historia contemporánea, incluso en sus agitados hechos, hacía entrever al hombre en búsqueda de la perspectiva de la unidad del género humano, la Iglesia, forjada por mil luchas y bañada en la sangre derramada por numerosos mártires, se adecuaba plenamente a esta tensión hacia la universalidad.

La Iglesia no conocía privilegios de tiempos; por ello, declaró públicamente a sí misma y al mundo que la bula *Unam Sanctam*, promulgada por Bonifacio VIII (1295-1303) en los albores del siglo XIV, ya no se adecuaba a las exigencias ni a las expectativas del mundo en la segunda mitad del siglo XX. Igualmente, la Iglesia no conocía ni siquiera privilegios de lugares. No consideraba solo a Occidente como el terreno privilegiado de su misión. El lugar de la evangelización era el mundo. Pío XII declaró haber acogido con particular favor la Conferencia de Bandung que, pocos meses antes, había enunciado los principios de un mundo que no conocía ni la división del mismo en bloques ni el dominio colonial.

PÍO XII FRENTE AL COMUNISMO

El final de la Segunda Guerra Mundial no trajo la paz: trajo la división de Europa y la «Guerra Fría»; y, para muchos millones de cristianos de la mitad oriental del continente, entregada a la Unión Soviética, el final de la lucha armada significó el comienzo de medio siglo de persecución. Esta fue la situación de la Iglesia y del mundo que Pío XII hubo de afrontar en la segunda parte de su pontificado.

Y así fue como países de vieja raigambre católica, como Polonia y Hungría, Checoslovaquia, Lituania y buena parte de Yugoslavia —o con importantes minorías católicas como Rumanía y Alemania del Este— vieron pronto a muchos de sus obispos impedidos, en prisión o deportados; mientras que la Iglesia Católica Uniata de Moravia fue integrada por la fuerza en la ortodoxia rusa. El oriente católico europeo perdió la libertad religiosa y quedó prácticamente segregado de Roma, con los nuncios expulsados y rotas las relaciones diplomáticas con el Vaticano[2]. Y como remate de este desolador panorama, en 1949, la victoria maoísta en China hizo descender un nuevo telón —«telón de bambú»— sobre las florecientes cristiandades de buena parte de las tierras del Asia Oriental.

---

2   Una síntesis de la situación religiosa en estos países puede verse en mi monografía *La Chiesa in Europa 1945-1991. Presentazione del cardinal Achille Silvestrini* (Storia della Chiesa. Saggi, 5) (Cinisello Balsamo, Ediz. Paoline, 1992).

La Iglesia católica en tiempos de Pío XII hubo, pues, de sufrir en los países donde se instauraron gobiernos comunistas, la más extensa, planificada e implacable persecución registrada en muchos siglos. El comunismo apareció como un enemigo formidable del cristianismo, y esa fue la razón de la actitud adoptada por el papa, que lo consideró como «la mayor de las herejías», y amenazó con la excomunión a los católicos que le dieran su apoyo. No debe olvidarse la situación que se vivía por entonces en Italia, donde en las elecciones de 1948 pareció ponerse en juego la propia permanencia del país en el espacio político del mundo libre.

La exclusión de la participación en los Sacramentos de cuantos conscientemente se adhirieron a los partidos comunistas y en ellos militaron, y la excomunión para cuantos propagaban y defendían su doctrina atea y materialista, establecida con decreto del Santo Oficio del 1 julio de 1949, no fueron más que el desarrollo lógico de la precedente enseñanza de la Iglesia, la cual separó de su organismo a quienes, por propia iniciativa, se habían separado de ella, rechazando la fe en Dios y negando todas las verdades contenidas en el dogma cristiano.

El comunismo armado avanzó hasta Berlín y Viena, y los pueblos del Este europeo sufrieron inmediatamente la experiencia de las falaces esperanzas de aquella ideología que se hizo potencia casi irresistible. Los casos de los cardenales Mindszenty (Hungría), Wyszynski (Polonia), Stepinac (Yugoslavia), Beran (Checoslovaquia) y Slipyj (Ucrania) fueron emblema de lo que les pasó a tantos héroes sin cara, culpables solo de profesar una fe religiosa y de tener una cierta idea del hombre y de la sociedad.

Era necesario frenar el rodillo compresor que avanzaba desde Oriente, sin por esto homologarse con la cultura y los intereses de más allá del Atlántico. La Europa que movía sus primeros pasos dirigida por Adenauer, Schumann y De Gasperi, estadistas que compartían con el pontífice las grandes líneas de un proyecto de convivencia que superaba los antiguos conflictos en un posible humanismo cristiano, tuvo que hacer frente durante decenios al avance del comunismo.

En este contexto, es oportuno hablar de la revuelta de Budapest, que conmovió a todo el mundo y que obviamente tanto impactó a la Santa Sede que Pío XII le dedicó tres breves encíclicas y un radio-mensaje, con un despliegue de fuerzas y energías que todavía hoy nos parece enorme.

La revolución húngara, o revuelta de Budapest, duró del 23 de octubre al 10-11 de noviembre de 1956. Fue un periodo de renacimiento de Hungría, en la que los jóvenes comenzaron a rebelarse contra el dominio soviético. Comenzó con una protesta de miles de estudiantes que apoyaron a los polacos de Poznan, cuyas manifestaciones habían sido reprimidas, y se convirtió en una revuelta contra la dictadura de Matyas Rakosi —comunista húngaro, líder de su país entre 1945 y 1956— y el dominio soviético, participada por millones de personas, que consiguieron en un primer momento mayores libertades del gobierno guiado por Imre Nagy, identificado con la revuelta, pero acabó siendo reprimida con la sangre por los soviéticos.

Pío XII había demostrado gran atención a las Iglesias del este europeo, a las que había dedicado el 29 de junio de 1956 la carta apostólica *Dum maerenti animo*[3] (Mientras con el ánimo afligido).

El 28 octubre, cuando la revuelta había llegado a su culmen, publicó la encíclica *Luctuosissimi eventus*, en la que habló de los lamentabilísimos sucesos que afectaron a la Iglesia europea, e hizo un llamamiento al mundo cristiano para que rezara por Hungría.

El primero de noviembre, a los ocho días del conflicto, después de la instauración del gobierno Nagy y el retiro de las tropas soviéticas, cuando parecía que el alzamiento contra el súper poder ruso podía tener éxito, se promulgó la *Laetamur admodum*. Esta encíclica habló de la alegría del papa por que la revolución estuviera teniendo éxito. El papa auspiciaba una nueva aurora de paz fundada sobre la

---

3 Dirigida a los cardenales Mindszenty, Stepinac y Wyszynski, así como a los obispos, sacerdotes y católicos de Albania, Bulgaria, Checoslovaquia, Hungría, Yugoslavia, Polonia, Rumanía y la Alemania Oriental, y a todas las demás gentes de Europa oprimidas por el comunismo.

justicia. Auspicio que no duró mucho, porque la Armada Roja entró en Budapest y Pío XII, el 5 de noviembre, el verdadero día de la brutal represión soviética, escribió la *Datis nuperrime* (Con la recientísima carta), en la que dijo que las noticias recibidas en un segundo tiempo habían llenado su ánimo de amargura al saber que en los pueblos y ciudades de Hungría corría de nuevo la sangre generosa de los ciudadanos que deseaban la justa libertad; al saber que las instituciones apenas constituidas habían sido destruidas, que los derechos humanos habían sido violados y que al pueblo ensangrentado le había sido impuesta con las armas extranjeras una nueva servidumbre.

Finalmente, el 10 de noviembre, Pío XII pronunció un radiomensaje, que en realidad fue un llamamiento al mundo sobre el impacto producido por los luctuosos sucesos de Hungría. El papa destacó su interés por hablar directamente al pueblo húngaro en una emisión especial transmitida por Radio Vaticana para asegurarle que Dios sería su fuerza y salvaguardia. En el micrófono, su voz clamaba: «Pueda el nombre de Dios, fuente de todos los derechos, justicia y libertad, resonar de nuevo en el parlamento, en las calles, en casa y en el lugar de trabajo, en los labios de los intelectuales y trabajadores, en la prensa y en la radio...». Pero pocos en Hungría pudieron oír la transmisión.

Fueron cuatro los llamamientos vibrantes que Pío XII dedicó a la revuelta de Budapest, que demuestran no solo la atención que la Santa Sede había tenido hacia la población húngara, sino también su preocupación por la expansión y represión ejercida por el comunismo.

En los 33 años siguientes a los acontecimientos de 1956 hubo silencio público sobre estas encíclicas y lo que había hecho Pío XII. No fue sino hasta 1989, el año memorable de la caída del Muro de Berlín, cuando finalmente se pudo hablar sobre ellas abiertamente.

BALANCE DEL PONTIFICADO DE PÍO XII

El gobierno de Pío XII se caracterizó por su estilo autoritario y solitario; sin embargo, aunque tomó él solo las decisiones, sabía que para aplicarlas era necesario contar con valiosos colaboradores, a condición de que le fueran sumamente dóciles. Aprovechando los modernos medios de comunicación y del servicio que podían hacer a la Iglesia, puso en marcha la organización masiva de los seglares y utilizó mejor la gran fuerza de los religiosos y religiosas.

Por lo que se refiere a sus colaboradores más directos, después de los monseñores Tardini y Montini, Pío XII contó con los jesuitas de *La Civiltà Cattolica*; con el dominico Mariano Cordovani (1883-1950), «Maestro del Sacro Palazzo», nombrado por el Papa *Teologo ad personam* de la Secretaría de Estado; con el jesuita Leiber (1887-1967), profesor de la Gregoriana, que a lo largo de todo su pontificado fue su secretario privado y el asesor más cercano; con el cardenal Siri, arzobispo de Génova, y con algunos seglares del «partito romano», sin olvidar a su fiel sor Pascualina Lehnert (1894-1983).

Pío XII fue la figura de mayor relieve mundial por el conjunto de cualidades que en él concurrieron, por su autoridad moral ejercida en todo el orbe, por la consideración, el respeto universal y aun reverencia en que se le tuvo, y por su influencia en los diversos medios sociales, políticos, religiosos y culturales. Pío XII fue una de las inteligencias más preclaras que brillaron en la Santa Sede.

Su saber se extendió a todas las esferas y disciplinas, como tuvo ocasión de demostrar repetidas veces en sus discursos y conferencias hechos ante grupos de visitantes recibidos en audiencia: profesores, científicos, alumnos, obreros, deportistas, militares, personas humildes y gente del pueblo, y también por sus encíclicas y otros escritos sobre todas las materias, problemas, teorías y novedades que afectaban a la Iglesia y a la sociedad. Dominaba varias lenguas a la perfección, nunca leyó sus discursos, sino que los pronunció con tono vibrante y con la retórica propia de los grandes oradores.

La figura de Pío XII, en un período crucial para la historia del mundo, permaneció erguida al frente de la gran fuerza del catolicismo mundial, llamando la atención por la austeridad de su vida, por los aciertos en el gobierno de la Iglesia y por su actuación al margen y sobre los problemas políticos del mundo. Todos tuvieron que reconocerlo y hasta las mismas diatribas de los adversarios del Vaticano —como los ataques de la prensa rusa en 1946— fueron argumentos potentísimos que agrandaron el papel desarrollado por Pío XII en los siete primeros años que llevaba al frente da la Iglesia.

Gracias a su acción e influjo personal, el estado del catolicismo mundial, cuando murió Pío XII, era realmente muy positivo, aunque no uniforme, ya que la Iglesia, en numerosos países europeos, gozaba de prestigio social y estaba presente en casi todas las instancias sociales, pero, al mismo tiempo, comenzaba a percibirse una crisis profunda provocada por la descristianización.

Al final del pontificado de Pío XII, el catolicismo era el único gran movimiento de masa del mundo occidental en condiciones de ser alternativo al comunismo, pero bajo esta aparente omnipotencia se ocultaba una crisis profunda, de la que el mismo papa, ya anciano y enfermo, era consciente, a la vez que estaba convencido de que la solución solo podía darla la misma Iglesia.

Tras la Segunda Guerra Mundial, creció sensiblemente el influjo social, educativo y religioso de la Iglesia católica y esto fue mérito de Pío XII, que recordó no solamente las raíces cristianas de Europa, sino también el interés de la Iglesia en la construcción de una Europa unida.

En otros países, como Portugal y España, la Iglesia estuvo muy protegida por el poder civil y constituyó para muchos un ejemplo de régimen católico que, en no pocos ambientes católicos, llegó a ser considerado como modelo de Estado. Otros, en cambio, criticaron severamente esta unión y la calificaron despectivamente con el término de «nacionalcatolicismo». También en los Estados Unidos, a pesar del pluralismo religioso, la Iglesia católica había conseguido una posición de prestigio.

Fuera de Europa, la Iglesia alcanzó una expansión misionera sin precedentes en su historia a la que tanto Pío XII como su predecesor Pío XI dieron un gran impulso. Fue en los años cincuenta cuando el mismo Pío XII lanzó la gran ofensiva misionera porque advertía el influjo expansionista de Islam. La Iglesia católica había conseguido adelantar en este proceso a las iglesias ortodoxas, que solo lograron extenderse gracias a los fenómenos migratorios y haciendo frente con mucha decisión a las iglesias evangélicas.

Después de la guerra, la Iglesia consiguió hacer llegar su mensaje a todo el mundo a través de las organizaciones y movimientos católicos, formados por millares de hombres y mujeres, que sobre el modelo de la Acción Católica, ejercieron un gran influjo sobre las masas. Y el mismo Pío XII apareció ante la opinión mundial como un auténtico líder de enorme prestigio. Así lo consideró el presidente de los Estado Unidos, la máxima autoridad política del mundo occidental. La apoteosis del pontificado de Pío XII hay que situarla en el año santo 1950, cuando las numerosas peregrinaciones condujeron a Roma a millones de personas que aclamaron al pontífice.

Pero, junto a estos aspectos positivos y triunfalistas, existía la dramática situación de la llamada «Iglesia del Silencio», la sometida por los regímenes comunistas a la más dura persecución religiosa conocida por la historia y cuyos símbolos más representativos fueron los cardenales anteriormente citados, todos ellos perseguidos, procesados, encarcelados o condenados a vivir en domicilios controlados, sin libertad de movimiento y sin poder ejercer su ministerio.

A pesar de todo ello, la Iglesia aparecía como una fuerza poderosa de la sociedad, ya que la presencia de los católicos en los ámbitos sociopolíticos era muy relevante. Sin embargo, advertía la crisis que se avecinaba y el mismo Pío XII en un discurso de 1952 habló del descenso de vocaciones como de un fenómeno que comenzaba a preocuparle al papa. Lo mismo decían los obispos italianos y franceses por aquellos años, lo cual demuestra que ya ellos mismos percibían el progresivo alejamiento de la sociedad, sobre todo de los jóvenes, y el siempre creciente secularismo. El arzobispo de París, cardenal Suhard, hablaba de la descristianización de las masas y de la necesidad de una nueva acción misionera.

Junto a esto comenzó a manifestarse también una crisis de autoridad, que reunió a sus exponentes más calificados en lo que se llamó la *Nouvelle théologie*, que desató el problema de la relación entre las autoridades romanas y los teólogos a propósito de la libertad de investigación teológica en la Iglesia. El Santo Oficio prohibió la publicación y difusión de las obras de numerosos teólogos, que después influirían decisivamente en el Vaticano II.

Esta misma crisis afectó personalmente a Pío XII, que si bien tuvo gran prestigio a nivel mundial entre las masas populares, sin embargo, a nivel interno, no fue así. Sus decisiones y las de las congregaciones de la curia romana de su tiempo no siempre tuvieron gran prestigio, ya que el Vaticano estuvo gobernado durante los últimos años del pontificado por muy pocos cardenales —que en algunos casos acumularon varios dicasterios sin que tuvieran una preparación específica para ninguno de ellos— y muy ancianos, y su forma de actuar no fue bien vista por muchos obispos, como demostraron las críticas que muchos de ellos hicieron durante el Vaticano II.

La crisis de autoridad de la Iglesia en la sociedad, manifestada en la desafección de amplios sectores sociales, se conjugó con una cierta crisis de autoridad en el interior de la Iglesia. Y, a pesar de ello, la Iglesia aparecía ante el mundo como algo compacto, como una fuerza contrapuesta a las ideologías marxistas.

Pero, no puede decirse que el balance fuera completamente optimista, como muchos creían, ya que bajo la imagen de una Iglesia fuerte y unida existían crisis que muy pronto se manifestaron en diversas partes del mundo y llegaban a Roma señales preocupantes de contestación y crítica. El nuevo clima democrático, unido a las dificultades del momento y a la atenta intervención de las instituciones, hacían problemático el ejercicio de un autoridad como la que personificó Pío XII.

A muchos les pareció que el pontificado de Pío XII era excesivamente político y diplomático, y sin embargo fue un pontificado profético, porque Pío XII no cesó de llamar la atención sobre la visión cristiana de la sociedad y de los hombres. Pío XII llenó el vacío que existía en el mundo con un magisterio moral hablando directamente a los pueblos, más allá de las clases políticas y, ante la indiferencia de los gobiernos, se dirigió a las masas cristianas. En este sentido, fue el último papa de una iglesia hierocrática y el primero plenamente insertado en una sociedad de masas.

En el plano político, Pío XII después de haber insistido sobre las divergencias entre su concepción de la «civilización cristiana» y la ideología democrática y laica del mundo anglosajón, a partir de los años 1946-47 y ante la avanzada del totalitarismo comunista, comenzó a destacar los valores positivos de dicha ideología, sin querer jamás unirse a una «cruzada» junto a los Estados Unidos. Sin hacerse ilusiones, porque se daba cuenta de que la política de Occidente se orientaba sobre caminos que el papa había incansablemente rechazado como equivocados y peligrosos, pero tomando inspiración de una teología de la historia que algunos consideraron superada, Pío XII decidió defender el campo occidental aportando el apoyo considerable que representaba su autoridad moral.

EL PROCESO DE BEATIFICACIÓN
Y CANONIZACIÓN DE PÍO XII

Un capítulo aparte habría que dedicar a la compleja y prolongada historia de la causa de beatificación y canonización de Pío XII, anunciada por Pablo VI al terminar el Concilio Vaticano II, formalmente introducida con la apertura del proceso diocesano por el mismo pontífice el 18 de octubre del 1967, y continuada entre dificultades y reacciones contrastantes, relacionadas con los presuntos «silencios» del papa con respecto a Shoah.

Al celebrar en la Basílica de San Pedro una misa el 9 de octubre de 2008 por el 50 aniversario del fallecimiento de Pío XII, el papa Benedicto XVI expresó su deseo de que este pontífice fuera prontamente beatificado.

Tal como habían adelantado medios italianos, se esperaba que el papa Ratzinger declarara «venerable» a su amado predecesor, san Juan Pablo II. Cardenales y obispos de la Congregación de las Causas de los Santos, de hecho, el 9 de noviembre de 2009, habían votado por unanimidad que el papa Wojtyla había vivido la vida cristiana de modo heroico.

Lo que no se esperaba era que hiciera lo mismo con Pío XII, cuyo proceso de beatificación se encontraba frenado desde hacía dos años y medio debido a fuertes presiones de sectores de la comunidad judía que acusaban a Eugenio Pacelli de haber callado ante el horror nazi. Si bien una comisión de la Congregación para las Causas de los Santos le había recomendado aprobar las virtudes heroicas de Pío XII en mayo de 2007, Benedicto XVI no firmó el decreto correspondiente y creó una comisión para revisar la actuación del papa.

En septiembre de 2009, Benedicto XVI recibió en el Vaticano a un grupo judío liderado por el neoyorquino Gary Krupp, que incluía a varios rabinos, favorable a la beatificación de Pío XII.

Expertos en cuestiones vaticanas consideraron muy oportuna la decisión tomada por Benedicto XVI el 19 de diciembre de 2009, de juntar en la misma fecha la declaración de «venerables» a Juan Pablo II —el papa amigo de los judíos— con Pío XII —una figura controvertida—, aunque fue vista como un intento de amortizar las polémicas que puntualmente llegaron.

«La decisión de firmar el decreto de las virtudes heroicas de Pío XII no muestra gran sensibilidad hacia las preocupaciones de la comunidad judía», reaccionó el rabino David Rosen, consultor para el diálogo interreligioso del Gran Rabinato de Israel. «Me sorprende que semejante decisión haya sido tomada solo tres semanas antes de la programada visita del papa a la sinagoga de Roma».

El director de la Oficina de Prensa de la Santa Sede, el padre Federico Lombardi, S.I., dio a conocer a través de Radio Vaticana, el 23 de diciembre de 2009, una nota sobre las reacciones suscitadas por la firma, por parte del papa, del decreto de reconocimiento de las virtudes heroicas de Pío XII, en la que dijo:

> «Cuando el papa firma un decreto "sobre las virtudes heroicas" de un Siervo de Dios, es decir, de una persona de la que se ha comenzado la causa de beatificación, confirma la valoración positiva que la Congregación para las Causas de los Santos ha ya votado... Por eso puede ser propuesto como modelo de vida cristiana al pueblo de Dios. Naturalmente se tienen en cuenta en esta valoración las circunstancias en las que la persona ha vivido, por lo que es necesario un examen desde el punto de vista histórico, pero la valoración se refiere esencialmente al testimonio de vida cristiana dado por la persona... y no la valoración de la importancia histórica de todas sus decisiones operativas...

Esto no pretende en absoluto limitar la discusión sobre las elecciones concretas llevadas a cabo por Pío XII en la situación en la que se encontraba. Por su parte, la Iglesia afirma que se realizaron con la pura intención de proceder lo mejor posible al servicio de altísima y dramática responsabilidad del pontífice. En todo caso, la atención y la preocupación de Pío XII por la suerte de los judíos –cosa que ciertamente es relevante para la valoración de sus virtudes– están ampliamente atestiguadas y reconocidas también por muchos judíos.

Queda, por tanto, abierta también en el futuro la búsqueda y la valoración de los historiadores en su campo específico».

El inicio de la causa de beatificación provocó una reacción negativa de rabinos que calificaron a la decisión como «insensible». Riccardo Di Segni, rabino jefe de Roma se opone a la beatificación de Pacelli diciendo: «A nivel humano, puedo aceptar la debilidad de Pacelli, pero su beatificación podría hacer de él un ideal para futuras generaciones. Para mí, la beatificación sería un impedimento para el diálogo». El Estado de Israel también se opone a la canonización de Pío XII hasta que no se hayan abierto los archivos del Vaticano referidos a su pontificado, cosa que ya se ha verificado desde el 2 de marzo de 2020.

El vicepostulador de la causa de beatificación de Pío XII, P. Marc Lindeijer, aseguró que cada año reciben al menos información sobre dos milagros que habrían sido obrados por intercesión del fallecido pontífice y que permitirían elevarlo a los altares. Sin embargo, eso no basta porque después se debe investigar y las personas involucradas parecen no estar dispuestas a colaborar con el proceso.

El vicepostulador hizo estas declaraciones en el marco de la emisión en la Radio Televisión Italiana (RAI) de un documental sobre el pontífice titulado «Pío XII, hombre de la paz y papa de la guerra».

PRIMERAS INVESTIGACIONES SOBRE LAS RELACIONES DE PÍO XII CON ESPAÑA

El anuncio hecho por el papa Francisco el 4 de marzo de 2019 de que a partir del 2 de marzo de 2020 quedaran a disposición de los investigadores los archivos del pontificado de Pío XII, abrió una nueva era para los estudios sobre la figura del pontífice que protagonizó las dos décadas centrales del siglo XX[4]. Fue, además, una gran noticia para los historiadores que llevamos medio siglo documentando la historia española del siglo XX desde las fuentes vaticanas inéditas.

Gracias a estas investigaciones, he podido reconstruir lentamente los años más trágicos para la Iglesia de nuestro reciente pasado, desde 1931 hasta 1939, y darlos a conocer a través de la colección *La II República y la Guerra Civil en el Archivo Secreto Vaticano*, editada por la Biblioteca de Autores Cristianos (BAC), porque la Guerra Civil y todo lo que vino después no puede entenderse separada de la historia de la Segunda República[5].

---

4   Nina VALBOUSQUET, «*L'ouverture des archives du Vatican pour le pontificat de Pie XII (1939-1958): controverses mémorielles, apports historiographiques et usages de l'archive*»: Revue d'Histoire Moderne & Contemporaine (París), n. 69-1 (2022) 56-70.

5   Vicente CÁRCEL ORTÍ (ed.), *La II República y la Guerra Civil en el Archivo Secreto Vaticano*. I-1. Documentos del año 1931 (Febrero-julio) (Madrid 2011); I-2. Documentos del año 1931 (Agosto-diciembre); II. Documentos del año 1932, Íbid., 2012; III. Documentos de los años 1933-1934, Íbid., 2014; IV. Documentos de los años 1935-1936, Íbid., 2016; V. Documentos del año 1937 (Íbid., 2017); VI.

Estos volúmenes cubren de lleno el decenio más turbulento de la historia española contemporánea y, para la Iglesia católica, el trágico trienio que produjo la mayor hecatombe de su plurisecular existencia. Una tragedia que tuvo características muy semejantes a las de un genocidio, porque se intentó exterminar sistemáticamente a un grupo social por motivos religiosos, no solo asesinando a las personas, sino también destruyendo templos, imágenes y objetos sagrados.

Los historiadores que exaltan los logros de la Segunda República en la formación política, moral y social de los españoles, silencian que, como todas las revoluciones que presuponen un cambio radical y violento de quien está en el poder, dejan detrás de sí un lago de sangre, de muertes injustas, de delitos, de violencias y crímenes. Así ocurrió durante la Revolución Francesa y así ocurrió en la España republicana.

Y la Iglesia católica, que en cada revolución ocurrida en el mundo, desde sus orígenes, ha debido pagar un enorme tributo de sangre, también en la española tuvo numerosos mártires, muertos por el simple hecho de ser religiosos o católicos. Este hecho es ignorado sistemáticamente por la historiografía que podríamos llamar «laica», para distinguirla de la católica, y es la que se ha impuesto desde el poder político por motivos ideológicos mediante libros de texto y manuales de estudio implantados obligatoriamente en los centros estatales.

La persecución religiosa comenzó de forma sutil con medidas discriminatorias contra la Iglesia y los católicos desde mayo de 1931, y se fue intensificando durante los años sucesivos, con algunos breves paréntesis, hasta estallar, tras la revolución de Asturias de 1934, en el verano de 1936, con lo que podríamos llamar el «holocausto» o la «hecatombe» de la Iglesia católica[6].

Documentos del año 1938, Íbid., 2018; VII. Documentos del año 1939 (enero-mayo), anexo de documentos de junio de 1938 y apéndices sobre prófugos, presos políticos y condenados a muerte, Íbid. 2020.

6   Fueron asesinados 12 obispos y un administrador apostólico, 6832 sacerdotes y religiosos y 283 religiosas, además de un número, todavía imposible de precisar, de miembros de movimientos o asociaciones católicos o simples fieles. Muchos de ellos están en proceso de beatificación por martirio y casi un millar y medio

Junto a estos auténticos mártires de la fe cristiana, también fue víctima de la persecución un ingente patrimonio histórico, artístico y documental que se perdió para siempre a causa de incendios, saqueos y destrucciones de iglesias, conventos y seminarios, entre otros, profanados y convertidos en almacenes, mercados, cuarteles, etc. Se quemaron o destruyeron muchas iglesias y la mayor parte de los retablos, altares e imágenes. Se requisó y dispersó el ajuar litúrgico, con pérdidas de decenas de millares de obras del patrimonio artístico. Se saquearon e incendiaron numerosos archivos y se expoliaron bibliotecas[7].

Esto, para algunos, es una verdad tan incómoda que llega a ser calificada de exageración e incluso de falsedad, pues la incluyen en el conjunto de tragedias que llevó consigo una guerra entre españoles, de la que todos fueron responsables. Y ahora, con una legislación sectaria y partidista, se pretende remover esta memoria histórica, alimentando el desinterés y la desinformación de las nuevas generaciones sobre este vergonzoso pasado[8].

---

han sido beatificados desde 1987 hasta 2022. Cf. Vicente CÁRCEL ORTÍ, *La persecución religiosa en España durante la Segunda República (1931-1939)*, Madrid 1990; *Mártires españoles del siglo XX* (Madrid 1995); *Mártires del siglo XX en España. 11 santos y 1512 beatos* (Madrid 2013), 2 v.; véase también la obra fundamental de Antonio MONTERO, *Historia de la persecución religiosa en España (1936-1939)* (Madrid 1961). Sobre los mártires beatificados véanse además Santiago MATA, *Holocausto católico. Los mártires de la Guerra Civil* (Madrid 2013) y Mario IANNACCONE, *Persecuzione. La repressione della Chiesa spagnola tra Seconda Repubblica e Guerra Civile. 1931-1939* (Turín 2015).

7   Como obra de conjunto para el período republicano es fundamental la de José Ramón HERNÁNDEZ FIGUEIREDO, *Destrucción del patrimonio religioso en la II República (1931-1937)*, a la luz de los informes inéditos del Archivo Secreto Vaticano (Madrid, 2009). Para el período bélico hay que recurrir a la documentación que se conserva en el archivo del nuncio Cicognani. Se trata de los detallados informes que enviaron en dos copias todas las diócesis a la nunciatura en respuesta a las preguntas de un cuestionario titulado «Relación de los hechos ocurridos con motivo de la guerra determinada por el levantamiento cívico-militar del 18 de julio de 1936» (AAV, Arch. Nunz. Madrid 1193: Astorga-Coria; 1194: Barcelona; 1195: Gerona-Málaga: 1196: Mallorca-Plasencia; 1197: Salamanca-Zaragoza). La documentación correspondiente a Valencia está publicada en Vicente CÁRCEL ORTÍ, «Destrucción del patrimonio histórico-artístico en la Valencia republicana de 1936»: *Anales Valentinos VII-13* (2020) 217-244.

8   Javier Paredes ha dicho que no habrá renovación cultural sin búsqueda de la Verdad. «Entre historiadores no puede haber ni vencedores ni vencidos, porque entre

Un hecho falsificado en el discurso político es el de «la idea machacona de la II República como un paraíso democrático sin coerciones ni trabas. Si hubiera sido así, ¿cómo se explicaría la gran tragedia que supuso la Guerra Civil? No es mínimamente creíble y resulta incluso irracional. La realidad es que fue un régimen complicado, con varias fases históricas, que tuvieron como denominador común la voluntad constante de las izquierdas de excluir a las derechas del poder, un planteamiento que no casa directamente con la visión idílica, porque en esencia se trataba de arrinconar a la mitad de la población. Así, los términos políticos de la Segunda República sentaron las bases de la confrontación desde el mismo comienzo con esa idea de excluir a sus rivales, como por ejemplo, atacar a la Iglesia católica, que respaldaba entonces un 40% de la población»[9].

***

Mis primeras investigaciones sobre las relaciones del pontificado de Pío XII con España han sido ya publicadas y lo serán más adelante en la revista de Biblioteca Balmesiana, de Barcelona, *Analecta Sacra Tarraconensia*, gracias a la generosidad de su director el doctor Ramon Corts i Blay, y también en otras publicaciones y revistas romanas y españolas:

- «Primera aproximación a los Archivos del Pontificado de Pío XII sobre España (1939-1958). El Archivo del Nuncio Cigognani», 93 (2020) 491-650.

---

historiadores se puede estar de acuerdo con lo que uno diga o no. Habrá diálogo, debate y discusión. Pero en la realidad, vaya que hay vencedores y vencidos. Menos mal que en algún momento hubo vencidos: menos mal que en 1936 perdieron la guerra socialistas y comunistas y las tropas nacionales pararon la persecución religiosa. Eso es lo que hoy se quiere ocultar. Y lo que no se puede derrotar es la Verdad» (Alfa & Omega, 21 abril 2022).

9   Stanley G. PAYNE, entrevista de Julio Martín Alarcón, *El Confidencial*, 8 de mayo de 2022.

- «Instrucciones de Pío XII al nuncio Antoniutti en 1953», 94 (2021) 461-637.
- «La nunciatura de Antoniutti y su archivo (1953-1962) », 95 (2022).
- «Los nombramientos de obispos en España durante el pontificado de Pío XII», 96 (2023).
- «La Iglesia en España (1939-1975)», en *Los números de Franco. Sociedad, economía, cultura y religión.* Javier Paredes (Coordinador), Madrid, Ediciones San Román, 2021, pp. 197-270.
- «Pío XII, los seminarios españoles y el Pontificio Colegio Español de Roma», en *Mater Clementissima. Revista de Ciencias eclesiásticas.* Nueva época 7 (2022).
- «El Papa por España. Discursos de Pío XII a españoles», en *Anthologica Annua* (próxima publicación).
- «La política concordataria de Pío XII en España», en *Revista Española de Derecho Canónico* (próxima publicación).
- «Pío XII y la creación de las diócesis de Bilbao y San Sebastián», en *Scriptorum Victoriense* (próxima publicación).

Seguirá después la colección titulada *Documentos del pontificado de Pío XII sobre España*, dividida en dos series: I. Nunciatura de Cicognani y II. Nunciatura de Antoniutti, que completará el imponente *corpus* documental vaticano correspondiente al pontificado de Pío XII en sus relaciones con España, porque es necesario conocer todas las fuentes para que la historia sea trasparente.

Tengo ya en preparación los dos primeros volúmenes sobre:

«Los telegramas cifrados entre la Secretaría de Estado y el nuncio Cicognani» y «Los despachos políticos del nuncio Cicognani (1938-1953)».

PÍO XII, RESTAURADOR DE LA IGLESIA EN ESPAÑA

La primera preocupación de Pío XII en sus relaciones con España, apenas elegido papa, fue la completa restauración de la Iglesia, con los nombramientos de obispos para las numerosas diócesis vacantes por el asesinato de doce obispos y un administrador apostólico, así como la situación del clero y del laicado tras el martirio de cerca de diez mil sacerdotes, religiosos y católicos, víctimas de la persecución religiosa republicana.

El pontificado de Pío XII cubre veinte años de la historia española que no han sido debidamente estudiados y cuanto menos documentados, pues nos faltaban las fuentes más rigurosas. Desde ahora podremos analizar críticamente, con ánimo sereno y objetivo, aquellas dos décadas repletas de acontecimientos y valorarlas en su justa luz, sin miedo a la verdad histórica, aunque fueron años de graves dificultades, de decisiones atormentadas y de opciones discutibles, que hoy rechaza nuestra sensibilidad. La primera de todas fue la vinculación de la Iglesia al régimen, solemnemente ratificada en un Concordato pedido por el jefe del Estado para conseguir que el régimen saliera del aislamiento internacional tras la II Guerra Mundial, que pudo ser firmado en el Vaticano el 23 de agosto de 1953, y al que siguieron un mes más tarde los llamados Pactos de Madrid: tres «acuerdos ejecutivos» (agreements) firmados el 23 de septiembre de 1953 entre Estados Unidos y España. Según los mismos, se instalarían en territorio español cuatro bases militares estadounidenses a cambio de ayuda económica y militar. Para el régimen supusieron, junto con el Concordato, la integración definitiva de España en el bloque occidental tras el aislamiento que había padecido desde el final de la Segunda Guerra Mundial por su vinculación con las potencias del Eje (Berlín-Roma).

Un capítulo muy importante lo ocupa la intervención de la Santa Sede en favor de los condenados a muerte y detenidos políticos, y la organización desde el extranjero de movimientos hostiles al régimen. Las frecuentes intervenciones del pontífice en favor de detenidos políticos y condenados a muerte, víctimas de la implacable represión política de los primeros años de la posguerra que afectó a los vencidos y fue un asunto que preocupó intensamente a la Santa Sede, también quedan documentados y aclarados diversos episodios. Esta documentación es continuación de la ya publicada en el trienio 1936-1939, y en ella se confirma la acción silenciosa, pero muy eficaz, del Vaticano, primero para mitigar los horrores de la guerra y después sus trágicas consecuencias, mediante insistentes llamamientos del papa al jefe del Estado pidiendo magnanimidad hacia los vencidos y promoviendo concesiones de amnistías y reducciones de penas, que no siempre fueron atendidos.

SEGUNDA PARTE

VÍCTIMA DE LA DIFAMACIÓN

Entrada de las tropas aliadas en Roma, 5 de junio de 1944. El papa Pío XII se dirige a la multitud en la Plaza de San Pedro, Roma, desde el balcón de la Basílica de San Pedro a las 6 de la tarde. [Tanner (Capt), War Office official photographer]

GENOCIDIOS Y HOLOCAUSTOS
DEL SIGLO XX

Cuando se habla del *Holocausto* de los hebreos se usan indistintamente este término y también el de *genocidio*. Por ello, es oportuno aclarar algunas ideas fundamentales al respecto.

Una de las primeras medidas que tomó la ONU fue la Convención para la Prevención y Castigo del Crimen de Genocidio, convertida en tratado en 1951. El crimen de genocidio es definido como cualquiera de los «actos cometidos con la intención de destruir, en todo o en parte, una comunidad étnica, racial o religiosa por los siguientes medios:

a) asesinato a los miembros de la comunidad;
b) causando serios daños físicos o mentales a miembros de la comunidad;
c) destruyendo los medios de vida para lograr la destrucción total o parcial de una comunidad;
d) adoptando medidas encaminadas a evitar los nacimientos dentro de una comunidad;
e) traspasando por la fuerza niños de una comunidad a otra».

Además del exterminio de seis millones de personas —judíos en su mayor parte— a manos de los nazis, a partir de una ideología que tenía en el racismo su espina dorsal, no cabe duda de que en el siglo XX ha habido otros genocidios.

Por ello, hay que comenzar diciendo en *primer lugar,* que el de los hebreos no es el único holocausto que ha conocido el siglo XX[10]. Recordemos, en particular, que a la hora de establecer una relación de genocidios en ese siglo, hay que indicar a grandes rasgos los siguientes:

- el genocidio de los armenios a manos del gobierno de los Jóvenes Turcos, que fue el primer genocidio total del siglo XX y el prototipo de los genocidios que se cometieron después; se calcula que entre 1915 y 1916, al menos un millón y medio de armenios —del total de dos millones que vivían en los lindes del Imperio otomano— fueron exterminados;
- la persecución política y las deportaciones masivas de campesinos ucranianos o de la población chechena ordenadas por Stalin en los años treinta, aunque estas no se califican de genocidio porque el mayor criminal que ha conocido la historia, cuando en 1948 se debatía la Convención sobre el Genocidio, se cuidó muy mucho de que la delegación soviética se opusiera a que dicha persecución y deportación pudieran ser adscritas a la tipificación de genocidio, por muchas víctimas que la sufrieran;
- el genocidio de los gitanos, fruto a su vez de ideas racistas, y tragedias similares acaecidas en América, en África y en los Balcanes;
- los millones de víctimas del comunismo en la Unión Soviética, en China, en Corea del Norte, en Vietnam y en otras partes;
- el holocausto de la Iglesia en la España republicana de los años treinta —que pudo haber sido exterminada por completo—, con unos siete mil eclesiásticos martirizados y varios miles más de católicos, asesinados solamente por motivos religiosos. Pío XII conocía lo que la persecución religiosa republicana, iniciada en 1931, habría significado para España si el conflicto

---

10 El siglo XX ha conocido también la tragedia de las persecuciones religiosas, como he documentado en mi libro *Persecuciones religiosas y mártires del siglo XX* (Madrid, Palabra, 2000).

hubiese sido vencido por los republicanos, porque comenzaron destruyendo la organización eclesiástica con la eliminación física de las personas y la destrucción de sus templos, tarea que desarrollaron intensamente durante el trienio bélico.

- las víctimas de la violencia interétnica en los Balcanes, que fue pródiga a lo largo del siglo, con comportamientos genocidas de los *ustachis* croatas contra los serbios y de los *chetniks* serbios contra los croatas en torno a la Segunda Guerra Mundial[11];

---

11 El mayor genocidio de la Segunda Guerra Mundial, en relación con la población de una nación, además del de los nazis en Alemania, fue el que realizaron en el Estado de Croacia los ustachis. Entre 1941 y 1945 murieron 600 000 serbios, 200 000 croatas y 80 000 musulmanes solo en los territorios del Estado ustachi, donde funcionaba el lager atroz de Jasenovac. Si en Auschwitz se mataba con el gas, en Jasenovac se torturaba y se mataba con hachas y cuchillos. En los años sucesivos, el dictador Tito prohibió que se hablara de estos horrores, temiendo que resurgiera el odio entre los pueblos yugoslavos y la historia quedó congelada, marcando el camino a una distorsión y manipulación de la memoria, usada casi únicamente para exaltar a las propias víctimas y negar las de los otros. Pero la cuestión resurgió de forma virulenta con las guerras yugoslavas de los años 90 y en este contexto los obispos croatas publicaron en 1995 una carta en la que se profesaba el perdón y se valorizaba la dignidad de todas las víctimas, independientemente de su pertenencia nacional o religiosa. En el número 253 de la encíclica Fratelli tutti, el papa Francisco cita esta carta y comenta: «Cuando hubo injusticias mutuas, cabe reconocer con claridad que pueden no haber tenido la misma gravedad o que no sean comparables. La violencia ejercida desde las estructuras y el poder del Estado no está en el mismo nivel que la violencia de los grupos particulares. De todos modos no se puede pretender que solo se recuerden los sufrimientos injustos de una sola de las partes. Como enseñaron los obispos de Croacia, "nosotros debemos a toda víctima inocente el mismo respeto. No puede haber aquí diferencias raciales, confesionales, nacionales o políticas"». Algo semejante hicieron los obispos españoles ya en la carta colectiva de 1937: «Reiteramos nuestra palabra de perdón para todos y nuestro propósito de hacerles el bien máximo que podamos» (Documentos colectivos del Episcopado español. 1870-1974. Ed. de Jesús Iribarren, Madrid 1974, 219-242). Y en 1999 dijeron: «También España se vio arrastrada a la Guerra Civil más destructiva de su historia. No queremos señalar culpas de nadie en esta trágica ruptura de la convivencia entre los españoles. Deseamos más bien pedir el perdón de Dios para todos los que estuvieron implicados en acciones que el Evangelio reprueba, estuvieran en uno u otro lado de los frentes trazados por la guerra. La sangre de tantos conciudadanos nuestros derramada como consecuencia de odios y venganzas, siempre injustificables, y en el caso de muchos hermanos y hermanas como ofrenda martirial de la fe, sigue clamando al Cielo para pedir la reconciliación y la paz» («La fidelidad de Dios dura por siempre. Mirada de fe al siglo XX». Documento de la LXXIII Asamblea Plenaria de la Conferencia Episcopal Española, del 26 de noviembre de 1999 (Documentos de la Conferencia Episcopal Española (1983-2000). III. 1995-2000. Ed. de Juan Carlos

- los vietnamitas y musulmanes camboyanos víctimas del gobierno de los Jemeres Rojos de Pol Pot (1975-1979): un millón y medio si se incluye a los propios camboyanos perseguidos por el régimen;
- comunidades croatas, serbias, bosnio-musulmanas y albano-kosovares que han sido objeto de persecución y exterminio por los contrarios a partir de 1991;
- unos 200 000 bosnios musulmanes víctimas de extremistas serbios y croatas (1992-1995);
- 800 tutsis ruandeses a manos del gobierno hutu y paramilitares en 1994, aunque desde la independencia de Burundi y Ruanda, a comienzos de los años sesenta, la violencia cargada de motivaciones étnicas sembró de muerte la región de los Grandes Lagos;
- por último, la limpieza étnica que el ejército y paramilitares serbios llevaron a cabo con toda impunidad en Kosovo en 1999, pese a los bombardeos de la OTAN.

Rasgos de genocidio tuvieron las eliminaciones de indios guatemaltecos a manos del Ejército entre 1960 y 1981,

- así como la ocupación indonesia de Timor Oriental desde 1975, con casi 200 000 muertos;
- la persecución de los kurdos en Irak y Turquía;
- la persecución de cristianos animistas y cristianos sudaneses por el gobierno islamista de Jartum y
- el drama de los palestinos en Oriente Medio, cuyos términos son bien conocidos.

En *segundo lugar*, hay que decir que las víctimas del Holocausto no fueron solamente hebreos, sino que hubo también muchos gitanos y miembros de otras comunidades centroeuropeas;

En *tercer lugar*, no hay que silenciar la complicidad con los nazis de una parte del movimiento sionista, lo cual ha molestado siempre a la

---

García Domene (Madrid, BAC, 2004), pp. 831-832.

comunidad hebrea, que muestra resentimiento y hostilidad cuando se recuerda este hecho histórico indiscutible, descrito por estudiosas hebreas como Hannah Arendt, al analizar los términos en que esta complicidad se materializó.

Y en *cuarto lugar*, no hay que olvidar la extraordinaria, cotidiana y concreta obra de tantos sacerdotes, religiosos y católicos en favor de los hebreos.

Un caso por todos es el del obispo húngaro Vilmos Apor, beatificado en 1997, valiente defensor de los hebreos perseguidos, fusilado el 30 de marzo de 1945 en su palacio episcopal por un oficial ruso al cual se opuso para defender a un grupo de mujeres que se habían refugiado en aquel lugar[12].

Hay que subrayar, además, que a pesar de la secular tradición antihebrea, ya Pío XI no tuvo inconveniente en los años del gran consenso del fascismo en declarar que los «cristianos somos espiritualmente semitas».

Todo esto hay que recordarlo cuando se habla de la actitud de Pío XII y, más en general, de la Iglesia ante el holocausto de millones de hebreos.

---

12 Sobre el hebraísmo húngaro y el papado cf. Jenö Levai, *Hungarian Jewry and the papacy. Pope Pius XII did not remain silent. Reports, documents and records from church and state archives assembled by Jeno Levai*, (Londres, Sands and Co. Ltd., 1968). Esta obra documenta que Pío XII no estuvo en silencio, mediante narraciones, testigos y documentos de los archivos eclesiásticos y estatales. Lleva una introducción de Robert M. W. Kempner.

RELACIONES JUDÍOS-CRISTIANOS

Nadie puede negar los aspectos de antijudaísmo habidos a lo largo de la historia del cristianismo, pero no se debe confundir el antijudaísmo con el antisemitismo. Ni se puede olvidar el cambio radical de la Iglesia, por lo menos desde el Vaticano II sobre esta materia y los gestos de san Juan Pablo II, que llegó a decir que los hebreos son «nuestros hermanos mayores».

Aunque sea brevemente, creo que es importante desestimar también que el papado ha sido «injusto» con el pueblo judío. El rabino de Nueva Yok, David Dalin, analiza el comportamiento de varios pontífices con los judíos. La serie de papas que tuvieron gran consideración y estima a los hebreos se inicia, según el rabino norteamericano, con Gregorio I, más conocido como san Gregorio Magno (590-604), que emitió el histórico edicto *Sicut judaeis*, en defensa de los judíos. Calixto II (1119-1124) garantizó también su protección a los judíos y reafirmó el contenido de *Sicut judaeis*.

Durante el siglo XIV, cuando los judíos fueron inculpados de la epidemia de peste (muerte negra), el papa Clemente VI (1342-1352) fue el único líder europeo que salió en su ayuda. Bonifacio IX (1389-1403) y Eugenio IV (1431- 1437) tuvieron como médico personal al judío Elijah Shabbetai, quien gracias a las ayudas de los pontífices fue el primer judío que enseñó en una universidad europea, la de Pavía. Sixto IV (1471-1484) fue el primer papa que contrató a copistas judíos para la Biblioteca Vaticana y creó la primera cátedra de hebreo en la Universidad de Roma. Durante su pontificado la población judía se duplicó.

Dalin habla también de los pontífices Nicolás V (1477-1455), Julio II (1503-1513), Clemente VII (1523-1534), Pablo III (1534-1549), Benedicto XIV (1740-1758), Clemente XIII (1758-1769) y Clemente XIV (1769-1774), Pío IX (1846-1878) y León XIII (1878-1903), todos los cuales intervinieron a favor de los judíos. Del siglo XX, el rabino estadounidense recuerda especialmente a Benedicto XV (1914-1922), que publicó una condena del antisemitismo preparada por el joven Eugenio Pacelli[13].

A ellos hay que añadir que tanto Roncalli como Montini, futuros papas: san Juan XXIII (1958-1963) y san Pablo VI (1963-1978) fueron estrechos colaboradores de Pío XII en la obra de rescate de los judíos[14].

San Juan Pablo II fue el primer papa que visitó la sinagoga de Roma y que rezó ante el Muro de las Lamentaciones, así como Benedicto XVI realizó una histórica visita a la sinagoga de Colonia, en su Alemania natal, y en 2010 visitó la de Roma. Tras esta visita, el diario israelí *Haaretz* publicó el domingo 24 de enero un artículo del escritor americano Dimitri Cavalli en defensa del pontífice. Pocos días antes, el filósofo francés de origen judío Bernard-Henri Lévy reconocía en un artículo aparecido en varios periódicos europeos que Benedicto XVI había sido víctima, desde que fue elegido papa, de un «juicio mediático» y de una «continua manipulación» de sus palabras y textos respecto a las relaciones con los judíos.

El papa Francisco está totalmente dedicado al combate contra el antisemitismo y la conciliación entre las religiones, y se enfrenta con serenidad a las críticas de quienes se oponen a sus reformas, según declaró el rabino argentino Abraham Skorka, quien mantiene una antigua amistad con el pontífice.

---

13 En su libro, *El mito del Papa de Hitler* (Madrid, Ciudadela Libros, 2006).
14 Ilaria PAVAN, «Roncalli e gli ebrei dalla Shoah alla Declaratio Nostra Aetate: tracce di un percorso». In: *L'ora che il mondo sta traversando: Giovanni XXIII di fronte alla storia* (Roma, Edizioni di Storia e Letteratura, 2009).

Pero la historia de las relaciones entre judíos y cristianos ha sido una historia atormentada[15]. En efecto, el balance de estas relaciones a lo largo de los dos milenios ha sido bastante negativo. A despecho de los más inhumanos atropellos, el pueblo hebreo no desaparece; es como la zarza ardiente, que no se consume. Puede parecer científicamente muy débil, pero es literariamente sugestivo afirmar que el calvario del antisemitismo comenzó con el grito de Cristo Crucificado: «¿Dios mío, por qué me has abandonado?». Cristo abandonado representa en síntesis a los hijos de Abrahán implicados durante siglos en la desconfianza y por último en el holocausto de Hitler.

En los albores del cristianismo, tras la crucifixión de Jesús, surgieron contrastes entre la Iglesia primitiva, los jefes de los judíos y el pueblo judío, quienes, para observar la ley, a veces se opusieron de manera violenta a los predicadores del Evangelio y a los primeros cristianos. En el Imperio romano, que era pagano, los judíos estaban legalmente protegidos por los privilegios que les garantizaba el emperador, y las autoridades en un principio no hicieron distinción entre las comunidades judías y cristianas.

Pero pronto los cristianos empezaron a ser perseguidos por el Estado. Cuando, más tarde, los propios emperadores se convirtieron al cristianismo, en un principio siguieron respetando los privilegios de los judíos. Sin embargo, algunos grupos exaltados de cristianos que se dedicaban a asaltar los templos paganos, en ocasiones hicieron lo propio con las sinagogas, influidos por ciertas interpretaciones erróneas del Nuevo Testamento respecto al pueblo judío en general.

---

15 Sobre las relaciones entre judíos y cristianos existe una producción bibliográfica inmensa. Me limito a citar tres títulos: F. TAGLIACOZZO - B. MIGLIAU, *Gli ebrei nella storia e nella società contemporanea* (Scandicci-FI, La Nuova Italia, 1993); S. M. KATUNARICH, *Ebrei e cristiani. Storia di un raporto difficile* (Leumann-TO, LDC, 1993); ID., *Cristianesimo e ebraismo. Nuove convergenze* (Milán, Spirali/Vel, 1995), el autor de estas dos obras, empeñado desde hace años en el diálogo hebreo-cristiano, fundador y animador del Grupo Ecuménico Cristiano Ebreo (Gexe), analiza los acontecimientos históricos y los elementos constitutivos de las relaciones entre cristianos y hebreos poniendo en evidencia los valores religiosos compatibles de las dos confesiones, que enriquecen la vida espiritual de los fieles; si bien todo debe hacerse con respeto recíproco y con la aprobación de las competentes autoridades religiosas.

En el mundo cristiano —aunque no por parte de la Iglesia como tal— ciertas interpretaciones erróneas e injustas del Nuevo Testamento con respecto al pueblo judío y a su presunta culpabilidad han circulado durante demasiado tiempo generando sentimientos de hostilidad hacia este pueblo. Dichas interpretaciones fueron total y definitivamente rechazadas por el Concilio Vaticano II.

Sobre la actitud de los Padres de la Iglesia hacia los hebreos influyeron ciertas formas de antisemitismo presentes en las culturas griega y romana, pues, como es sabido, la hostilidad contra los israelitas estaba ya muy difundida antes de Cristo, si bien se exacerbó y se convirtió en una fístula cancerosa de la sociedad occidental a causa de la acusación de deicidio, definitivamente superada solo con el decreto conciliar sobre las religiones no cristianas.

Los hebreos fueron a veces injustamente calificados como la «sinagoga de Satanás», una insinuación calumniosa basada en tráficos oscuros, usura abominable y trata de esclavos. La sociedad medieval tuvo una curiosa y absurda actitud frente a los hebreos, pues, por una parte les obligó a la usura y, por otra, les reprochó como usureros. Papas y reyes les condenaron por este motivo, pero les pidieron empréstitos cuando tuvieron necesidad. Es decir, que los hebreos fueron, al mismo tiempo, insustituibles y rechazados.

Los siglos cristianos, entre abismos y fracturas, conocieron también soberanos y pontífices admirables por su longanimidad y tolerancia. Véanse, por ejemplo, la larqueza de ánimo de Carlomagno (742-814) o las intervenciones de Inocencio IV (1243-1254) contra la crueldad popular, que tomaba a los hebreos como víctimas expiatorias para aliviar los sufrimientos, explicar las causas de la peste y sobreponerse al tedio de la lucha por la existencia.

En el siglo XIX se fue abriendo camino la emancipación de los hebreos, pero, al mismo tiempo, reapareció el desenfrenado antisemitismo que desembocaría en el holocausto hitleriano. También algunas componentes de la Iglesia católica, contrarias al mundo moderno, consideraron que los hebreos eran los principales alteradores del antiguo orden cristiano.

Algunos autores han pretendido una identificación mecánica entre antimodernismo y antisemitismo, porque en el catolicismo preconciliar estos elementos estuvieron ciertamente presentes; pero también es evidente que no todos los católicos antes del Concilio, a menudo antimodernistas, fueron antisemitas. Como datos que sintetizan y confirman esta afirmación se podrían citar el «filosemitismo espiritual» de Pío XI —que preparó poco antes de morir una encíclica que condenaba el racismo y el antisemitismo— y muchos episodios de solidaridad hacia los hebreos, por parte de los católicos, durante la persecución nazi.

Según el proyecto de los jesuitas que la prepararon por encargo de Pío XI, esta encíclica se llamaba *Humani generis unitas*, pero el papa murió antes de publicarla y Pío XII la tuvo en sus manos, pero no le dio curso, si bien utilizó algunas frases de ella en su primera encíclica programática *Summi Pontificatus*, de octubre de 1939.

Según Passelecq y Suchecky, autores de la monografía sobre la encíclica que Pío XI no llegó a publicar[16], las diversas intervenciones de la Santa Sede sobre el problema racial hasta septiembre 1938 habrían estado condicionadas por una exégesis tradicional y una visión más bien hostil hacia los israelitas, considerados corresponsables de todos los males del mundo moderno.

La preocupación esencial habría sido no la condena del racismo y del antisemitismo, sino más bien la defensa de la Iglesia y de su misión. Un salto de cualidad se advirtió solamente en la declaración de Pío XI del 6 de septiembre de 1938, auténtica aunque no publicada ni en *L'Osservatore Romano*, ni en *La Civiltà Cattolica*, sobre la imposibilidad del antisemitismo.

El papa se había dado cuenta de las lagunas de todas sus intervenciones anteriores, de las deficiencias de la distinción entre antisemitismo político-racial, inadmisible, y antisemitismo político-so-

---

16   G. PASSELECQ - B. SUCHECKY, *L'encyclique cachée de Pie XI. Une occasion manquée de l'Église face a l'antisémitisme. Préface de E. Poulat* (París, Ed. La Découverte, 1995), dieron a conocer por vez primera el texto íntegro de este proyecto de encíclica querida por Pío XI sobre el razismo y el antisemitismo, pero el libro tiene un tono periodístico, cae en algunos errores e ignora algunas obras importantes sobre el tema.

cial (defensa de los intereses de las varias clases sociales amenazadas por el creciente influjo social de los israelitas), lícito, y se habría dirigido al jesuita americano John LaFarge (1880-1963), que había patrocinado tesis antisegregacionistas, para que preparara una encíclica sobre el racismo, ya que se trataba de un problema que angustiaba al papa desde hacía tiempo, sobre todo desde el acercamiento de Italia a la Alemania nazi y de la promulgación las primeras leyes raciales fascistas[17].

Pero se trata de hipótesis y no de certezas, ya que LaFarge trabajó junto con otros jesuitas durante el verano de 1938 y el proyecto pasó a manos del papa cuando ya estaba gravemente enfermo. Parece demostrado que la primera invitación insistente que le llegó a Pío XI para que se pronunciara contra el antisemitismo provenía de Edith Stein.

---

17 Paolo ZANINI, «La Chiesa e il mondo cattolico italiano di fronte alle leggi antiebraiche». En Marilisa D'AMICO, et al. (ed.), *L'Italia ai tempi del ventennio fascista: tra storia, scienza e dirito: a otatt'anni dalla promulgazione delle leggi antiebraiche* (Milano, FrancoAngeli, 2019), p. 179-190; Andrea RICCARDI (ed.), *La svolta del 1938: fascismo, catolicesimo e antisemitismo* (Milán, Guerini, 2020).

EL ANTISEMITISMO[18]

El antisemitismo, problema complejo y delicado, es, pues, una indiscutible realidad histórica que no se puede eludir. Algunos autores establecen un vínculo entre antisemitismo y crisis, crisis de identidad, siempre en el fondo ligada a una visión maniquea del mundo. Por tanto, la causalidad de la crisis sobre el grupo que representa el Mal o que es identificado con los principios del Mal. Es esta una visión a menudo protegida por la «autoridad» en el curso de la historia. Cambiando, por consiguiente, las situaciones históricas salta el mismo mecanismo de rechazo: el antisemitismo.

A pesar de que el cristianismo ha predicado el amor hacia todos, incluidos los enemigos, la mentalidad que ha prevalecido a lo largo de los siglos ha penalizado a las minorías y a todos aquellos que de algún modo eran «diferentes». Sentimientos de antijudaísmo

---

18 Como la bibliografía sobre el antisemitismo es inmensa, me limito a citar algunos de los títulos a mi juicio más significativos: Y. CHEVALIER, L'antisémitisme. Le Juif comme bouc émmisaire (París, Cerf, 1988); B. LITVINOFF, Il roveto ardente. Storia del antesemitismo (Milán, Mondadori, 1989), este libro, de indudable vigor y claridad pero no inmune de afirmaciones discutibles, delinea la historia del criminal antisemitismo que el Vaticano II condenó sin condiciones; H. ARENDT, Los orígenes del totalitarismo. I. Antisemitismo (Madrid, Alianza, 1999), en el marco de su investigación sobre todas las formas del totalitarismo, la autora aborda el antisemitismo, su ascenso y expansión a lo largo del siglo XIX, para culminar con el holocausto de la Segunda Guerra Mundial, pasando por los casos más individuales como el «affaire Dreyfus».

en ciertos ambientes cristianos y la divergencia que existía entre la Iglesia y el pueblo judío, llevaron a una discriminación generalizada que a veces se manifestaba con expulsiones o con intentos de conversiones forzosas.

El antijudaísmo de Lutero influyó profundamente en la cultura alemana e indirectamente alimentó el *humus* cultural en el que se desarrollaría más tarde el nazismo, aunque no se le puede atribuir a él la responsabilidad del antisemitismo.

En gran parte del mundo «cristiano», hasta finales del siglo XVIII, todos aquellos que no eran cristianos no siempre podían disfrutar de un «estatus» jurídico plenamente garantizado. A pesar de eso, los judíos que estaban extendidos por todo el mundo cristiano permanecieron fieles a sus tradiciones religiosas y a sus costumbres. Por ello fueron mirados con una cierta sospecha y desconfianza. En tiempos de crisis, como carestías, guerras y pestes, o de tensiones sociales, la minoría judía fue tomada muchas veces como el chivo expiatorio, convirtiéndose así en víctima de violencias, saqueos y hasta masacres.

Entre finales del siglo XVIII y comienzos del siglo XIX, los judíos habían alcanzado por lo general una situación de igualdad con respecto a los demás ciudadanos en la mayoría de los estados, y un cierto número de ellos llegó a ocupar puestos influyentes dentro de la sociedad. Pero en ese mismo contexto histórico, en particular en el siglo XIX, empezó a tomar cuerpo un nacionalismo exasperado y falso. En un clima de rápido cambio social, los judíos fueron a menudo acusados de ejercer una influencia desproporcionada con respecto a su número. Entonces empezó a extenderse en distintos grados, por casi toda Europa, un antijudaísmo que era esencialmente más sociopolítico que religioso.

En la misma época, hicieron su aparición ciertas teorías que negaban la unidad de la raza humana, alegando una originaria diferencia de las razas. En el siglo XX, el nacionalsocialismo en Alemania utilizó esas ideas como base pseudocientífica para hacer una distinción entre las llamadas razas nórdicoarias y las presuntas razas inferiores.

Por si fuera poco, una forma extremista de nacionalismo fue estimulada en Alemania por la derrota que sufrió en 1918, tras la Primera Guerra Mundial, y por las humillantes condiciones que le fueron impuestas por los vencedores, con la consecuencia de que muchos vieron en el nacionalsocialismo una solución a los problemas del país y por lo tanto cooperaron políticamente con este movimiento.

La Iglesia alemana contestó condenando el racismo. Dicha condena apareció por primera vez en la predicación de algunos representantes del clero, en la enseñanza pública de los obispos católicos y en los escritos de periodistas católicos. Ya en febrero y marzo de 1931, el cardenal Bertram de Breslavia, el cardenal Faulhaber y los obispos de Baviera, así como los obispos de las provincias de Colonia y Friburgo publicaron cartas pastorales que condenaban el nacionalsocialismo con su idolatría de la raza y del Estado.

El mismo año en que el nacionalsocialismo llegó al poder, en 1933, los famosos sermones de Adviento del cardenal Faulhaber, a los que asistieron no solamente católicos, sino también protestantes y judíos, tenían expresiones de claro repudio de la propaganda nazi antisemita. A raíz de la *Kristallnacht* (la noche de los cristales), Bernard Lichtenberg, deán de la catedral de Berlín, elevó públicas plegarias por los judíos. Posteriormente murió en Dachau y fue declarado beato en 1996.

También el papa Pío XI condenó el racismo nazi de forma solemne en la encíclica *Mit brennender Sorge,* que fue leída en las iglesias de Alemania el Domingo de Ramos de 1937 y acarreó ataques y sanciones contra miembros del clero. El 6 de septiembre de 1938, dirigiéndose a un grupo de peregrinos belgas, Pío XI aseguró: «El antisemitismo es inaceptable».

Pío XII, desde su primera encíclica, *Summi Pontificatus,* del 20 de octubre de 1939, puso en guardia contra las teorías que negaban la unidad de la raza humana y contra la divinización del Estado, cosas que él preveía que conducirían a una verdadera «hora de las tinieblas».

En las relaciones entre cristianos y hebreos han surgido y surgen muchas dificultades debido a la conciencia de dos identidades muy precisas y con muchas diversidades propias, bajo las cuales existe a menudo una complementariedad de fondo. Se ha hablado a veces de «superioridad hebrea», de una especie de preeminencia ideal del hebraísmo a causa de su historia[19]. San Pablo llegó incluso a hipotetizar la «hebraización de la Iglesia» en los primeros siglos del cristianismo. También hoy algunas aperturas surgidas del Vaticano II han sido leídas en esta misma óptica: una especie de retorno a lo antiguo, a la primitiva comunidad de los judeo-cristianos. No cabe duda de que el mundo hebreo ejerce una cierta fascinación sobre quien se acerca a él, ya que invita a una espiritualidad profunda, un contacto directo con Dios que muchos cristianos buscan en la religión de sus «hermanos mayores», según la terminología consagrada por Juan Pablo II durante su histórica visita a la sinagoga de Roma en 1986.

El diálogo no ha encontrado todavía una respuesta adecuada a muchas dificultades existentes y tiene que evitar, además, todo posible sincretismo, ya que la relación hebreo-cristiana es muy compleja, ciertamente muy difícil, pero al mismo tiempo abierta a perspectivas que nacen de una tradición cultural antiquísima. El elemento fundante es aquel de «ser hijos del mismo Padre», que alimenta la esperanza de los hermanos «mayores» y «menores».

---

19 Sobre las relaciones entre la Iglesia y el hebraísmo cf. S. SIMONSOHN, *The Apostolic See and the Jews. History* (Toronto, Pontifical Institute of Medievals Studies, 1990-1991), 2 v., presenta una historia de las relaciones de la Sede Apostólica con los hebreos hasta el siglo XVI, y no al revés, por ello es necesario conocer también qué pensaban los judíos de la Iglesia católica, de los papas y de los católicos. En marzo de 1997 la editorial italiana Mursia publicó el libro de V. MATTIOLI, *Gli ebrei e la Chiesa 1933-1945*, decididamente contracorriente respecto a las tendencias prevalentes en el campo católico con respecto a este tema, ya que a sus límites culturales unía una cierta hostilidad antihebrea. Para replicar a esta obra, F. M. FELTRI publicó *Per discutere di Auschwitz* (1997). Panfletaria y poco rigurosa es la obra de A. ARUFFO, *La Chiesa e gli ebrei. Da Costantino alla Shoah* (Roma, Datanews, 1998), que denuncia la política antihebrea de la Iglesia y considera blando el documento vaticano sobre la Shoah; Elena MAZZINI, *L'antiebraismo catolico dopo la Shoah: tradizioni e culture nell'Italia del secondo dopoguerra (1945-1974)* (Roma: Viella, 2012); Daniele MENOZZI, *"Giudaica perfidia": uno stereotipo antisemita fra liturgia e storia* (Bolonia, Il Mulino, 2014).

LA IGLESIA Y EL HOLOCAUSTO
DE LOS HEBREOS

No se puede ignorar la diferencia que existe entre el *antisemitismo* basado en teorías contrarias a la constante enseñanza de la Iglesia sobre la unidad del género humano y la igual dignidad de todas las razas y de todos los pueblos, y los sentimientos de sospecha y hostilidad que perduran desde hace siglos y que llamamos *antijudaísmo*, de los que, por desgracia, también algunos cristianos se han hecho culpables.

La ideología nacionalsocialista fue más allá, en el sentido de que se negó a reconocer cualquier realidad trascendente como fuente de la vida y criterio del bien moral. Por consiguiente, un grupo humano, y el Estado con el que se identificaba, se arrogó un valor absoluto y decidió borrar de la faz de la tierra al pueblo judío, el pueblo que había sido llamado a dar testimonio del único Dios y de la Ley de la Alianza.

A nivel teológico no podemos ignorar el hecho de que no pocos afiliados al partido nazi no solamente mostraron animadversión hacia la idea de una Divina Providencia actuando en los acontecimientos humanos, sino que también demostraron tener un verdadero odio al mismo Dios. Lógicamente, una actitud semejante llevó también al rechazo del cristianismo y al deseo de ver destruida la Iglesia o por lo menos sometida a los intereses del Estado nazi.

Fue esta ideología extremista la que se convirtió en la base de las medidas emprendidas, primero para arrancar a los judíos de sus casas y luego para exterminarlos. La Shoah fue obra de un típico régimen neopagano[20]. Su antisemitismo tenía sus propias raíces fuera del cristianismo y, al perseguir sus propios fines, no dudó en oponerse a la Iglesia persiguiendo también a sus miembros.

Por ello, sobre el holocausto de los hebreos víctimas del nazismo hay que destacar, en principio, dos hechos fundamentales:

- la actitud de numerosos sectores alemanes que cedieron ante el nazismo y
- la fuerte difusión del antisemitismo en Alemania.

Son muchos hoy los que se preguntan en qué medida los alemanes comunes al tiempo del nazismo compartieron el duro antisemitismo del partido, aprobaron su plan de exterminio y cooperaron convencidos.

Sobre el holocausto de los hebreos ha sido publicada tal cantidad de libros y artículos que resulta imposible ni siquiera sintetizarlos. Pero, a pesar de ser tantos, tan numerosos y a menudo valiosos los estudios, son muy pocos los que se han preguntado por una cuestión fundamental: las verdaderas razones del holocausto[21].

---

20 A la vastísima producción histórica sobre la *Shoah*, el exterminio de los hebreos durante la locura nazi, se añade la obra de R. HILBERG, *La distruzione degli Ebrei d'Europa* (Turín, Einaudi, 1995), 2 vol., traducida al italiano, que apareció por primera vez en inglés en 1961 y fue ampliamente rehecha tras la apertura de los archivos de la ex-URSS. El autor alude a los esfuerzos hechos por la Iglesia para oponerse a la deportación y a las matanzas.

21 Una respuesta plausible trata de darla el suizo P. BURRIN, *Hitler et les juifs. Genèse d'un génocide* (París, Seuil, 1989). Según él, el antisemitismo latente y violento de Hitler lo llevó en definitiva a decidir la siniestra «solución final»; la cual se debía al impacto de la conquista de la URSS por el ejército alemán, a la entrada de los Estados Unidos en guerra y, puede ser más profunda todavía, a la idea cada vez más presente entre los dirigentes del Reich de un probable desastre final. Ante semejantes situaciones, Hitler habría querido entonces hacerlo «pagar» todo a los judíos, exterminándolos antes de que desapareciera él mismo. Tal es la explicación de la decisión de Hitler que da Burrin, una explicación sin duda «reductiva», si bien la tesis del autor está ampliamente documentada.

Para Goldhagen[22], el antisemitismo era endémico de la sociedad y en la cultura alemanas, y el nacionalismo siempre estuvo acompañado del antisemitismo porque la nación se expresaba, en particular, en la contraposición con los hebreos. Pero la reconstrucción de la cultura y del mundo alemán que este autor hace es singularmente muy reductiva, todo lo reduce al nacionalismo y al enfrentamiento entre el cristianismo y el mundo hebreo.

Para Friedländer[23], Hitler no se movía solo. Sus ideales no encontraron oposición. Por ejemplo, cuando los nazis comenzaron la persecución en 1933, apenas llegaron al poder, expulsaron de las universidades a los profesores hebreos y no hubo una sola voz que protestara públicamente. Ian Kershaw afirma que el dictador y sus aberraciones fueron posibles gracias al pueblo alemán, ya que fue la sociedad alemana la que invitó a Hitler a odiar a los judíos. Él fue el máximo exponente del genocidio pero no la causa primera[24].

Está documentado que amplios círculos alemanes cedieron al nazismo, y esto mismo fue repetido mucho más tarde por el presidente federal, Richard von Weiszäcker, el 8 de mayo de 1985, y por el presidente del *Bundestag*, Philipp Jenninger, en el discurso del 10 de noviembre de 1988.

En algunos autores judíos, existe todavía la manía de repetir injustamente que el holocausto se verificó en países de antigua civilización cristiana, patria de grandes pensadores y teólogos cristianos, casi

---

22 El libro de D. J. GOLDHAGEN, *I volenterosi carnefici di Hitler. I tedeschi comuni e l'olocausto* (Milán, Mondadori, 1997) merece fuertes reservas y críticas porque ignora muchos aspectos de la cuestión, por su fuerte subjetivismo, la tendencia a exasperar unos hechos y olvidar otros, y por la escasa o ninguna relevancia dada a la acción de la Iglesia, así como por algunas afirmaciones completamente equivocadas sobre ella; es un prototipo de la superficialidad con la que algunos autores hablan de la Iglesia al tratar este tema. Entre los muchos autores que podrían citarse sobre el tema cf. también Guenter LEWY, *I nazisti e la Chiesa* (Milán, Il Saggiatore, 1965); L. POLIAKOV, *Il nazismo e lo sterminio degli ebrei* (Turín, Einaudi, 1995).

23 Saul FRIEDLÄNDER, *La Germania nazista e gli ebrei* (1933-1938). *Gli anni della persecuzione* (Milán, Garzanti, 1998); ID., *Pie XII et le IIIe Reich: documents* (París, Éditions du Seuil, 1964).

24 Ian KERSHAW publicó su libro *El mito de Hitler: imagen y realidad en el Tercer Reich* (Barcelona, Paidos, 2003), que analizaba el «culto a Hitler» en Alemania, cómo fue desarrollado por Joseph Goebbels, a qué grupos sociales iba dirigido, su auge y su decadencia.

insinuando —con esta simplista afirmación— que también los «diabólicos verdugos», que fueron los autores materiales, fuesen el fruto de todo el cristianismo, mientras es bien conocida su ideología pagana y la persecución a la que los cristianos, lo mismo que los hebreos, fueron igualmente sometidos.

Pero tenemos que preguntarnos si la persecución del nazismo hacia los judíos no había sido fomentada por los prejuicios antijudíos que estaban en las mentes y en los corazones de algunos cristianos. ¿El sentimiento antijudío no habrá formado unos cristianos menos sensibles, o incluso indiferentes, a las persecuciones lanzadas contra los judíos por el nacionalsocialismo cuando este llegó al poder?

Cada una de las respuestas a esta pregunta ha de tener en cuenta el hecho de que estamos hablando de la historia de actitudes y modos de pensar de gente sometida a múltiples influencias. Es más,

- muchos ignoraban totalmente la «solución final» que estaba a punto de ser tomada contra todo un pueblo;
- otros tuvieron miedo por ellos mismos y por sus seres queridos;
- algunos sacaron partido de la situación;
- otros, finalmente, fueron movidos par la envidia.

Hay que dar una respuesta caso por caso y, para hacerlo, hay que conocer qué fue exactamente lo que motivó a cada persona en su situación concreta.

En un principio, los jefes del Tercer Reich intentaron expulsar a los judíos. Por desgracia, los gobiernos de algunos países occidentales de tradición cristiana, incluidos algunos de América del Norte y del Sur, dudaron bastante antes de abrir sus fronteras a los judíos perseguidos. Aunque no podían prever hasta dónde iban a llegar los jerarcas nazis en sus intenciones criminales, los jefes de dichas naciones conocían de sobra las dificultades y los peligros a los que estaban expuestos los judíos que vivían en los territorios del Tercer Reich. En esas circunstancias, el cierre de las fronteras a la inmigración judía, tanto si se debió a la hostilidad antijudía como a la sospecha antijudía, a cobardía, a una estrecha visión política o a un egoísmo nacional, constituye un grave cargo de conciencia para las autoridades en cuestión.

¿POR QUÉ ES TAN IMPORTANTE EL RADIOMENSAJE DE PÍO XII EN 1942?

En la Navidad de 1942, Pío XII denunció todas las crueldades de la guerra en curso y la violación de los acuerdos internacionales, evocando los centenares de miles de personas que, sin ninguna culpa propia, a veces únicamente a causa de su nacionalidad o raza, eran destinadas a la muerte o un progresivo deterioro. En este radiomensaje, Pío XII hizo por primera vez una referencia pública a la cuestión de las deportaciones sufridas por la población hebrea. Sus palabras, significativas y alusivas al mismo tiempo, fueron variamente comentadas por los contemporáneos: para los gobiernos aliados fueron demasiado vagas, mientras que a los de Roma y Berlín les parecieron demasiado explícitas. Una disparidad de juicio que todavía hoy es objeto de debate en el mundo académico[25].

El papa intervino para rescatar a muchos judíos durante las incursiones nazis en la comunidad judía de Roma. Ciertamente no quiso hacer público este hecho para impedir que los nazis invadieran los conventos de Roma y capturaran a todos los judíos que

---

25 Giovanni COCO, «Gli scritti di Pio XII e il radiomessaggio del Natale 1942»: *Rivista di Storia della Chiesa in Italia*, 2020, n. 1, 217-241.

en ese momento estaban siendo protegidos allí por el papa y por muchos religiosos[26].

El radiomensaje navideño de Pío XII de 1942, dedicado a la pacificación de los Estados, presentando la ley moral y natural como criterio para la refundación de un nuevo orden entre las nacionales, es uno de los actos más significativos y al mismo tiempo más controvertidos del pontificado de Eugenio Pacelli.

En el momento en que fue pronunciado, tuvo un eco enorme en todos los continentes, y fue escuchado y apreciado incluso fuera del mundo católico. Periódicos y revistas de diferente orientación cultural y política publicaron amplios pasajes y comentarios, en la mayoría de los casos benévolos.

Fue diferente la acogida que depararon al mensaje papal los gobiernos y el mundo de la diplomacia: fue recibido con abierta hostilidad por las potencias del Eje, en particular por Alemania, y con abierta frialdad por las aliadas, en particular por los ingleses.

En él, el papa no solo repudiaba el nuevo «orden europeo» que el nacionalsocialismo pretendía realizar, sino que condenaba explí-

---

26 El ataque calumnioso contra Pío XII no nació en el mundo intelectual judío que, por el contrario, se ha adaptado en el tiempo para no marchar a contramano en el marco de una campaña internacional que les afecta especialmente. Se llega así al episodio de la séptima sala en el «Yad Vashem», el memorial en Israel dedicado a las víctimas del Holocausto, que reconoce a los que salvaron a judíos del genocidio, y es muy crítico con Pío XII, pues aparece una fotografía del papa con un epígrafe que define «ambiguamente» su comportamiento con una nota que afirma: «Aunque los informes sobre el asesinato de judíos llegaron al Vaticano, el papa no protestó ni de palabra ni por escrito. En diciembre de 1942 no participó en la condena por parte de los miembros de los Aliados por el asesinato de judíos. Incluso cuando los judíos eran deportados de Roma a Auschwitz, el papa no intervino». Esta nota fue sustituida en 2012, basándose en investigaciones más detalladas y de una manera mucho más favorable a Pío XII, pues destaca precisamente el discurso de Navidad de Pío XII en 1942, que condenaba los asesinatos en masa basados en la nacionalidad o la raza de la persona; señala cómo el pontífice apeló a los países ocupados por los nazis en nombre de los judíos perseguidos y reconoce las investigaciones que indican que la estrategia de Pío XII en tiempos de guerra permitió que se llevara a cabo un número considerable de actividades secretas de rescate. El propio New York Times escribió sobre estos cambios en su artículo titulado «El Museo del Holocausto de Israel suaviza sus críticas al papa Pío XII», publicado el 1 de julio de 2012. El lenguaje se suavizó basándose en nuevas investigaciones, para decir que «no protestó públicamente».

citamente las atrocidades de la guerra, ya sea los bombardeos en alfombra efectuados por los aliados sobre las ciudades alemanas, ya sea las atrocidades realizadas por los alemanes contra civiles inocentes. En particular, el papa denunciaba el exterminio de los judíos europeos: «Este deseo de paz —decía el Pío XII— la humanidad lo debe a los centenares de miles de personas que, sin culpa alguna, en ocasiones solo por razones de nacionalidad o estirpe, son destinados a la muerte o dejados morir progresivamente».

Si este pasaje del radiomensaje pasó prácticamente ignorado en la prensa internacional, no sucedió así en el caso de la atenta censura nacionalsocialista. El ministro de Asuntos Exteriores del Reich, Joachim von Ribbentrop, encargó inmediatamente al embajador alemán ante la Santa Sede que informara al papa sobre la posición del gobierno alemán: «Por algunos síntomas, da la impresión que el Vaticano está dispuesto a abandonar su actitud normal de neutralidad y a tomar posiciones contra Alemania —dijo el ministro al embajador—. A usted le corresponde informarle que en tal caso Alemania no carece de medios de represalia».

Por las relaciones de los embajadores de los países aliados, parece que sí: que el papa estaba totalmente convencido de haber cumplido hasta el final con su deber ante Dios y ante el tribunal de la historia.

En una carta del 30 de abril, dirigida al arzobispo de Berlín, monseñor von Preysing, escribió con tono sereno que «ha dicho una palabra sobre lo que se está haciendo actualmente contra los que no son arios en los territorios sometidos a la autoridad alemana. Fue una breve mención pero fue bien comprendida».

También con el director de *La Civiltà Cattolica,* Pío XII hizo referencia al mensaje navideño, en el que evidentemente descargó su corazón y su conciencia de pastor: «El santo padre —refirió el padre Martegani— habló ante todo de su reciente mensaje navideño, que parece haber sido bien acogido en general, a pesar de que fuera ciertamente más bien fuerte».

El papa, por tanto, estaba «subjetivamente» convencido de haber denunciado ante el mundo lo que estaba sucediendo a los que no eran arios en los territorios sometidos a la autoridad alemana, de haber hablado «fuerte» contra los horrores de la guerra y, en particular, contra los crímenes nazis.

Algunos historiadores consideran, sin embargo, que esta denuncia fue insuficiente, dictada por razones de prudencia político-diplomática y no tanto por sentimientos de humanidad. En todo caso, según estos intérpretes, era «objetivamente» inadecuada a la gran tragedia que estaba teniendo lugar en el corazón de Europa.

La actitud de «prudencia» por la que había optado la Santa Sede durante la guerra ante los beligerantes se reveló sobre todo en ese momento —comentan estos historiadores—, inadecuada e insuficiente para responder a las graves exigencias del momento.

El mundo civil, según ellos, esperaba del papa, suprema instancia moral y espiritual del Occidente cristiano, no tanto palabras «prudentes», «equilibradas», incluso justas, sino más bien «palabras de fuego» a la hora de denunciar las violaciones de los derechos humanos, aunque esto pusiera en peligro la vida de innumerables católicos, tanto clérigos como laicos, que vivían en los territorios del Reich. De este modo, el papa habría realizado su elevada misión profética.

Este juicio histórico sobre la acción de Pío XII —según la opinión de Sale— es excesivamente simplista a nivel de los hechos históricos, e injusto desde el punto de vista subjetivo. No tiene en cuenta las reales dificultades del momento histórico en el que se desarrolló la labor del pontífice y, al mismo tiempo, prescinde totalmente de la sensibilidad y cultura del papa Pacelli.

Algunos historiadores hablan del papa y del papado de manera abstracta, ideológica, sin considerar el hecho de que el «ministerio petrino» se concreta a nivel histórico en la persona de individuos particulares, con sus virtudes y sus límites humanos, y que la Iglesia en su acción concreta, al igual que todas las instituciones que tienen una larga tradición, mira al pasado y al mismo tiempo al futuro, así como a las necesidades y urgencias del presente.

Sale ha tratado de demostrar que Pío XII estaba «subjetivamente» convencido de haber hablado «fuerte». Pensaba que la manera en que había expresado su denuncia era la más adecuada, la más justa para aquel momento particular. Estaba convencido de haber dicho «todo» y «claramente», y de haberlo hecho de una manera que no expusiera a las represalias nazis a los fieles católicos que vivían en los territorios del Reich y a los judíos.

Para él, este era un punto de máxima importancia al que hubiera sacrificado cualquier otra cosa, como dijo con claridad tanto durante la guerra como inmediatamente después.

En definitiva, se puede discutir hasta el infinito sobre el hecho de que la denuncia del papa fuera adecuada o no a la gravedad del momento, y sobre esto se pueden tener legítimamente a nivel histórico posiciones diferentes. Ahora bien, no se puede decir, como hacen algunos «propagandistas», que el papa se «calló» conscientemente ante lo que estaba sucediendo a los judíos, por ser filonazi o simplemente por falta de sensibilidad a causa del antijudaísmo o antisemitismo[27].

A propósito del radiomensaje navideño de 1942 hay que añadir que fue muy apreciado por el *New York Times* por «las palabras claras en defensa de los judíos» y por haber «denunciado ante el mundo la matanza de tantos inocentes», y cuya divulgación, en Alemania, fue considerada por las altas esferas del Reich como «un crimen contra la seguridad del Estado, susceptible de pena de muerte».

---

27 Giovanni SALE, *Hitler, la Santa Sede e gli ebrei. Con i documenti dell'Archivio Segreto Vaticano* (Milán, Jaka Book, 2004), p. 221.

EL PAPA NO TENÍA INFORMACIÓN EXACTA SOBRE LA ASÍ LLAMADA «SOLUCIÓN FINAL»

Por lo que se refiere a los judíos deportados en los territorios ocupados por el Reich, la acción desarrollada a su favor por la diplomacia de la Santa Sede se orientó en dirección de los gobiernos de los países aliados de Alemania, donde existía una mayoría católica y un episcopado «combativo».

Una nota de la Secretaría de Estado del 1 de abril de 1943 decía: «Para evitar la deportación de masa de los judíos, que se verifica actualmente en muchos países de Europa, la Santa Sede ha solicitado la atención del nuncio de Italia, del encargado de asuntos en Eslovaquia y del encargado de la Santa Sede en Croacia».

Utilizando los canales diplomáticos vaticanos, Pío XII hizo todo lo que pudo para obtener algo —con frecuencia, por desgracia, muy poco— a favor de los judíos por parte de aquellos gobiernos (en ocasiones amigos). Se sabe, además, que exhortaba al episcopado local, en particular al alemán, a denunciar con fuerza los horrores cometidos por los nazis contra católicos y judíos.

Hay que recordar que la mayor parte de las intervenciones pontificias tenían como objetivo principal defender a los judíos católicos y garantizar la indisolubilidad de los matrimonios entre judíos y católicos, basándose en los concordatos estipulados con estos Estados. Realmente la Santa Sede no podía pedir o hacer más a través de los canales diplomáticos oficiales.

Alemania, tras la ocupación de Polonia, había replicado a la Santa Sede que pedía la aplicación del concordato alemán a los territorios polacos «englobados» en el Reich. En realidad no era aplicado ni siquiera en el territorio alemán.

Los archivos del Ministerio de Asuntos Exteriores del Reich están llenos de periódicas intervenciones del nuncio apostólico, el arzobispo Cesare Orsenigo, sobre los judíos. Pero los despachos que envió a la Secretaría de Estado muestran lo difícil que era su situación.

Uno, del 19 de octubre de 1942, dice: «A pesar de las previsiones, he tratado de hablar con el ministro de Asuntos Exteriores pero, como siempre, especialmente cuando se trata de personas que no son arias, me respondió: «No hay nada que hacer». Todo asunto sobre los judíos es sistemáticamente rechazado o desviado».

En las palabras de los diplomáticos vaticanos se percibe con frecuencia un sentido de impotencia y de desaliento en este sentido. La actividad diplomática de la Santa Sede a favor de los judíos no fue, sin embargo, como algunos dicen, totalmente inútil o ineficaz. A veces logró «ralentizar» las operaciones de deportación o, cuando no podía hacer otra cosa, excluir de ella a algunas categorías de personas.

Una parte de la historiografía reciente, en especial la estadounidense, ignora esta actividad realizada por la Santa Sede a favor de los judíos. Denuncia los «silencios» de Pío XII por considerarlos «culpables». Según ellos, el papa tenía el deber de denunciar lo que estaba sucediendo en Europa, aunque tuviera que poner en peligro la propia vida.

La verdad es que esto no solo hubiera expuesto a la represalia nazi la vida del papa —que en varias ocasiones dijo que estaba dispuesto a entregar—, sino la de todos los obispos, sacerdotes, religiosas y religiosos que vivían en los territorios ocupados, así como la seguridad de millones de católicos.

El papa no tenía información exacta sobre la así llamada «solución final» (exterminio del pueblo judío): basándose en noticias algo nebulosas y a veces contradictorias, sabía que muchísimos judíos, sin culpa ninguna y solo por motivo de su estirpe, eran asesinados por los nazis de diferentes maneras. De hecho, poco antes, había sucedido lo mismo a muchos católicos polacos, por el único motivo de su nacionalidad. Pero no sabía nada de la «solución final». Hasta 1944, en el Vaticano se ignoraba incluso la existencia de Auschwitz. La misma propaganda aliada, a pesar de que describía las atrocidades alemanas, las represalias salvajes y otras cosas, no decía nada sobre los campos de exterminio.

¿Qué tipo de informaciones llegaron al Vaticano sobre lo que estaba ocurriendo en los campos de concentración de Europa del Este? La Secretaría de Estado, coordinada por el papa, se movía un poco en la oscuridad debido a las escasas noticias que llegaban de aquellos lugares de terror. Los ingleses, los americanos y la Santa Sede se intercambiaban informaciones al respecto y este es otro aspecto muy interesante porque entre los diplomáticos presentes había una proficua colaboración y se intercambiaban noticias atroces sobre los campos de concentración.

Circulaban muchos rumores sobre estos campos y el mismo embajador polaco refugiado en el Vaticano afirmaba que los nazis estaban masacrando a los hebreos. Pero era muy difícil verificar la realidad de los hechos. En este sentido, Francis Godolfin D'Arcy Osborne, embajador británico ante la Santa Sede, aconsejaba evaluar bien todas las informaciones.

De todos modos, Pío XII en su mensaje de Navidad de 1942 habló expresamente contra aquellos que «por la única razón de la nacionalidad o raza persiguen y condenan a muerte o a la esclavitud progresiva», y repitió esta denuncia en un duro discurso el 2 de junio de 1943. En aquel período, nadie denunció los crímenes alemanes contra los hebreos. Tan solo en 1943 se pronunció una declaración conjunta de los aliados en la que se denunciaban los abusos alemanes, pero todavía no se hablaba ni de hebreos ni de campos de concentración.

Las primeras noticias ciertas se tuvieron con el famoso Protocolo de Auschwitz, en el que dos jóvenes judíos, huidos del campo de concentración de Auschwitz, en la primavera de 1944, denunciaron al mundo el exterminio de sus hermanos en las cámaras de gas. El texto, conocido en parte ya en junio del mismo año, no fue publicado integralmente hasta el mes de noviembre.

¿Qué sabían los aliados de la «solución final»? Ciertamente más que el papa. Según el historiador Richard Breitman, tanto Roosevelt como Churchill sabían mucho sobre el exterminio sistemático de los judíos, pues sus servicios secretos descifraban las comunicaciones codificadas de las SS.

Una fuerte denuncia de los crímenes por parte de los aliados, según Breitman, habría constituido un serio obstáculo a la aplicación de la «solución final», pero no tuvo lugar[28].

Orsenigo con Hitler y Joachim von Ribbentrop, enero de 1939.
[Bundesarchiv, Bild 183-H26878 / CC-BY-SA 3.0]

---

28 Richard BREITMAN, *Il silenzio degli alleati: La responsabilità morale di inglesi e americani nell'Olocausto ebraico* (Milán, Mondadori, 1999).

«PÍO XII HIZO MÁS GESTIONES EN DEFENSA DE LOS JUDÍOS QUE CUALQUIER ORGANIZACIÓN HUMANITARIA»

Aunque había una apariencia de silencio en público, la Secretaría de Estado del Vaticano incitaba a los nuncios y delegados apostólicos en Eslovaquia y Croacia, en Rumanía y en Hungría especialmente, a intervenir para suscitar una acción de socorro, cuya eficacia fue reconocida por las organizaciones judías y cuyo fruto, un historiador israelita de tanto prestigio como Pinchas E. Lapide no duda en valorar en torno a 850 000 las vidas salvadas de una muerte segura gracias a la intervención personal de Pío XII, de la Santa Sede, de los nuncios y de toda la Iglesia católica.

Y, a propósito de la actitud de Pío XII ante los hebreos, frente a la barbarie nazi, dijo:

«En un tiempo en el que la fuerza armada dominaba de forma indiscriminada y el sentido moral había caído al nivel más bajo, Pío XII no disponía de fuerza alguna semejante y pudo apelarse solamente a la moral; se vio obligado a contrastar la violencia del mal con las manos desnudas. Hubiera podido elevar vibrantes protestas que hubieran podido parecer incluso insensatas o, más bien, proceder paso tras paso, en silencio.

Palabras gritadas o actos silenciosos. Pío XII escogió los actos silenciosos y trató de salvar lo salvable»[29].

Una de las acusaciones contra Pío XII es la de no haber hecho lo suficiente por los fugitivos judíos, pero en realidad se trata de una calumnia, porque los volúmenes 8, 9 y 10 de las ADss están llenos de documentos en los que las comunidades judías, los rabinos de medio mundo y otros fugitivos agradecían a Pío XII y a la Iglesia católica las ayudas y todo lo hecho en su favor. Además, el papa Pacelli usó su fortuna personal para ayudar a los judíos perseguidos por los nazis.

En Croacia, Hungría y Rumania, los nuncios papales bajo solicitud directa de Pío XII lograron suspender varias veces las deportaciones.

En España hizo lo mismo el nuncio Cicognani, acogiendo a numerosos fugitivos y facilitando su traslado a países sudamericanos dispuestos a recibirlos[30].

A pesar de las amenazas, una de las primeras preocupaciones de Pío XII fueron los hebreos que se encontraban en Roma. Antes de que las deportaciones comenzaran, ya el papa había levantado las disposiciones canónicas a los conventos de clausura; en estos y en cientos de iglesias y comunidades se refugiaron millares de hebreos. Las enérgicas intervenciones del papa a favor de la ciudad dieron buenos resultados y los alemanes decidieron salir de ella sin convertirla en un campo de batalla. Entre el 4 y el 5 de junio de 1943 las tropas americanas ocupaban la ciudad.

Pío XII no se preocupó solo de los judíos, extendió la acción caritativa de la Iglesia a todas las víctimas de la guerra, sin distinciones de nacionalidad, raza, religión o partido. El papa procedió silenciosa y discretamente a riesgo de parecer pasivo e indiferente, pero llevó ayuda segura a las víctimas de la guerra.

En palabras de Pinchas E. Lapide, cónsul israelí en Milán: «Pío XII hizo más gestiones en defensa de los judíos que cualquier orga-

---

29 Emilio PINCHAS LAPIDE, *Three Popes and the Jews. Souvenir Press* (Londres 1967), p. 167. La misma postura defiende el historiador Renzo DE FELICE en *Storia degli ebrei italiani sotto il fascismo* (Turín, Einaudi, 1972).

30 La abundante documentación sobre este asunto puede verse en el Archivo Apostólico Vaticano, Arch. Nunz. Madrid 1333.

nización humanitaria». La íntima relación de Eugenio Pacelli con la Alemania nazi es anterior incluso a su elección para ocupar la silla de San Pedro. Como nuncio en Alemania, desde 1917, y más tarde como secretario de Asuntos Extraordinarios, vivió con preocupación el ascenso del nazismo en este país.

Tras ser elegido pontífice en 1939, el papa siguió mostrando su rechazo al nazismo y a sus ideas expansionistas en privado, como así le reveló a Alfred W. Klieforth, cónsul general de Estados Unidos en el Vaticano, en una conversación revelada en 2014 por «The American Catholic». Según Klieforth, Pío XII «consideraba a Hitler no solo como un canalla, indigno de confianza, sino como una persona intrínsecamente cruel. No cree que Hitler sea capaz de moderación».

¿Por qué el silencio de Pío XII fue considerado por algunos como cómplice con los crímenes de Hitler?

Porque a través de la firma del concordato de 1933[31] con el Estado nazi, se le acusó de legitimar el régimen y, además, porque sepultó los esfuerzos de su antecesor para condenar el antisemitismo en Europa a través de una encíclica llamada «*Humani Generis Unitas*» (La unión de la raza humana). Pues si bien el propio Pacelli, por orden de Pío XI, estuvo encargado de redactarla, su contenido final advertía, entre otros puntos controvertidos, que defender a los judíos como exigen «los principios de humanidad cristianos» podría conllevar el riesgo inaceptable de caer en la trampa de la política secular.

Pacelli, convertido en papa el 2 de marzo de 1939, nunca publicó dicha encíclica y, además, anunció a los cardenales alemanes que iba a mantener relaciones diplomáticas normales con Hitler. Todavía más alarmante fue su pasividad diplomática al conocer la noticia,

---

31 Este concordato fue parecido a otros firmados con regímenes reaccionarios, como la Polonia autoritaria (1925), la Italia fascista (1929), o más adelante con la España de Franco (1953). Muchos críticos explican esta inclinación hacia el autoritarismo por una estrategia orientada a recuperar la soberanía del papado y por una aversión frente al posible ascenso comunista. Los gestos de Pío XII se explicaban por su convencimiento de que el mayor peligro para Europa no radicaba en el nazismo sino en el bolchevismo.

en enero de 1942, del exterminio de judíos de Europa por medio de fuentes británicas, francesas y norteamericanas. El propio presidente norteamericano Roosevelt envió a su representante personal, Myron Taylor, para que pidiera a Pacelli una declaración contra el exterminio de los judíos. Todo fue en vano.

En Berlín sabían que la Santa Sede estaba protegiendo a los judíos, pero también temían el riesgo de confrontarse con un líder religioso de su entidad. «Ha habido roces con la embajada brasileña en Roma, que se ha negado a conceder el visado a varios hebreos apoyados por el Vaticano. Además, la Santa Sede les ayuda desde el punto de vista económico», agrega el documento, cuyo destinatario era el ministro de Exteriores de Hitler, Joachim von Ribbentrop[32].

El historiador estadounidense y experto en inteligencia y contraterrorismo, Mark Riebling, asegura que la protección de los judíos de Roma solo fue una parte del desafío subterráneo llevado a cabo por el papa. Este investigador norteamericano publicó en 2016, basado en los documentos ya disponibles, el libro donde relata la participación del Vaticano en varios planes para derribar o asesinar a Hitler, incluida la operación «Walkiria», que contó con la complicidad de influyentes católicos de Alemania. Riebling escribió en su libro que Pío XII conspiró de forma discreta contra Hitler para desbancarlo del poder, aunque no fue capaz de conseguirlo[33].

Riebling empieza recordando en su obra lo precaria que era la situación de la comunidad católica en Alemania. Durante los años

---

32 Jair SANTOS, «A diplomacia pontifícia e os refugiados judeus no Brasil (1939-1941): uma investigação preliminar nos arquivos de Pio XII»: *Revista de História* (Universidade de São Paulo), n. 181 (2022) 1-34; Israel BELOCH, (coord.), *Dicionário dos refugiados do nazifascismo no Brasil* (Rio de Janeiro, 7 Letras, 2021); Anna Rosa. CAMPAGNANO, *In difesa della razza: os judeus italianos refugiados do fascismo e do antissemitismo do Governo Vargas, 1938-1945* (São Paulo, Universidade de São Paulo, 2011; Maria Luiza Tucci CARNEIRO, *Cidadão do mundo: o Brasil diante do Holocausto e dos judeus refugiados do nazifascismo (1933-1948)* (São Paulo, Perspectiva, 2010; ID., *Histórias de vida: refugiados do nazifascismo e sobreviventes da Shoah: Brasil 1933-2017* (São Paulo, Editora Maayano, 2018).
33 Mark RIEBLING, *Iglesia de espías. La guerra secreta del Papa contra Hitler* (Barcelona, Planeta 2016),

de paz, Hitler (criado por un padre anticlerical y por una madre católica devota) mantuvo una posición pública de reconocimiento oficial a la Iglesia católica, sabiendo la influencia que tenía aún en Alemania, y firmó con esta un concordato el 20 de julio de 1933. No obstante, poco después disolvió la Liga de la Juventud Católica y decretó una ley de esterilización que conmocionó a la comunidad religiosa. En la purga del 30 de junio de 1934, ordenó el asesinato de Erich Klausener, dirigente de la Acción Católica, y en los años siguientes arrestó a clérigos, sacerdotes y monjas, sin que Roma pudiera hacer nada para evitarlo.

También entonces el papa guardó silencio. Las protestas de varios obispos germanos de actitudes diferentes ante el régimen nazi, entre otros Bertram (Breslavia) y Faulhaber (Múnich), fueron acalladas por el Vaticano. En opinión de Riebling, el pontífice estaba jugando una guerra contra Hitler que iba más allá de las declaraciones públicas.

Tras la invasión de Polonia, Hitler dispuso explícitamente la «liquidación» del clero en este país de mayoría católica. Sorprendido por una medida tan radical, el almirante Wilhelm Canaris, jefe del servicio de inteligencia alemán, se convenció precisamente entonces de la necesidad de matar a Hitler. Igual de afectado por lo ocurrido en Polonia, Pío XII habría hecho de intermediario con los británicos en la serie de complots que terminaron con Canaris en la horca tras la fallida «Operación Walkiria». Además, autorizó a las órdenes religiosas, sobre todo a los dominicos y los jesuitas, a ayudar a los servicios de inteligencia ingleses y alemanes en estas conjuras.

Los nazis no permanecieron ajenos a estos movimientos de Pío XII.

Planearon incluso secuestrar al papa como represalia durante la ocupación alemana de Roma, como así apunta una carta de Antonio Nogara, hijo del entonces director de los Museos Vaticanos, que L'Osservatore Romano recuperó en 2016. Según este documento, el mencionado director de los Museos Vaticanos recibió a principios de febrero de 1944 una visita nocturna del monseñor Montini, que le advirtió de que los servicios secretos de Reino Unido y de

EE.UU. habían tenido noticias de un «plan avanzado» por parte de un comando alemán para secuestrar al papa Pío XII.

Nogara y Montini buscaron esa misma noche un lugar donde ocultar al pontífice de las SS, decantándose finalmente por la Torre de los Vientos, un torreón que se alza sobre un ala del Archivo Apostólico Vaticano. Afortunadamente, el plan de secuestro nunca llegó a ejecutarse, entre otras cosas porque la misma embajada de Alemania en Roma habría hecho notar a Berlín las inevitables consecuencias negativas en las poblaciones católicas, incluso de varios países neutrales, si se hubiera intentado secuestrar al papa Pío XII.

Ajeno a todas estas presiones, el mundo jamás comprendió la supuesta pasividad de Pío XII. Ni el miedo al secuestro ni a un bombardeo nazi sobre Roma eran, en opinión del embajador Osborne, razones suficientes para el silencio del papa. En diciembre del 42, tras una entrevista con el cardenal Maglione, Osborne anotó: «Yo le urgí que el Vaticano, en vez de pensar exclusivamente en el bombardeo de Roma, debería considerar sus deberes con respecto a un crimen sin precedentes contra la humanidad, la campaña de Hitler de exterminio de los judíos».

Según el general De Gaulle: «Pío XII juzgaba cada cosa desde un punto de vista que trasciende a los hombres, sus sucesos y conflictos». Esto lo dijo comentando la audiencia que tuvo con el papa en junio de 1944, y lo dejó escrito en sus *Mémoires de guerre*.

Esta visión trascendente, más allá de todo interés opuesto y de los conflictos de las pasiones, hará siempre ardua la tarea de comprender a fondo la política y la personalidad del papa Pío XII.

A propósito del presunto secuestro de Pío XII y de la eventualidad de su renuncia y de las instrucciones impartidas a los cardenales ante la sede impedida, Rusconi escribe: «En aquella ocasión el pontífice habría preparado una carta de renuncia al pontificado, de tal modo que, según dijo, habría sido encarcelado Eugenio Pacelli pero no el jefe supremo de la Iglesia católica: "si me raptan", habría confiado al cardenal Domenico Tardini, Secretario de Estado, "se llevarán al cardenal Pacelli, pero no al Papa"».

Como este reveló muchos años después, Pío XII habría llegado a dar precisas disposiciones con el fin de que el cónclave para elegir a su propio sucesor tuviera lugar en Lisboa, porque Portugal se había mantenido neutral durante el conflicto mundial. Habría sido un cónclave del exilio, como no se veía desde 1800, año en el que en Venecia, bajo el ala protectora del emperador de Austria, Pío VII fue elegido para suceder a Pío VI, muerto en exilio en Francia, donde había sido deportado por las armadas republicanas»[34].

Pero, más allá de las imprecisiones de cuanto escribe Rusconi (Tardini no era secretario de Estado), la frase «si me raptan se llevarán al cardenal Pacelli, pero no al papa» se ha repetido «por tradición oral» en diversas fuentes y el archivero vaticano Giovanni Coco me ha confirmado que ha encontrado rastros en algún documento privado de la voluntad del papa de abdicar si era secuestrado por los alemanes, pero asegura que hasta el presente, no se ha encontrado un solo documento producido por el pontífice o por la Secretaría de Estado sobre esta delicada cuestión. Tampoco ha encontrado pista alguna sobre esto ni sobre eventuales disposiciones para regular la sede impedida. Al contrario, la hipótesis de un cónclave en Lisboa parece muy fascinante, pero es solo una fantasía. En efecto, durante el Proceso de Beatificación de Pío XII, fue interrogado entre los testigos precisamente el cardenal Manuel Gonçalves Cerejeira, patriarca de Lisboa desde 1929 al 1971. Y a una pregunta explícita sobre si el papa Pacelli le hubiese dado instrucciones especiales en caso de haber sido arrestado por los alemanes, el cardenal Cerejeira lo negó decididamente. Por consiguiente, es verdadera la voz de que Pío XII habría abdicado en caso de arresto, pero no existe referencia alguna a las disposiciones que los cardenales habrían debido seguir para el cónclave. «Quizá más adelante, buscando asuntos completamente diversos, aparece algún documento sobre este asunto —según me dice Coco—; ¡esto ocurre a menudo en los archivos; de lo cual doy fe!

---

34   Roberto RUSCONI, *Il gran rifiuto. Perché un papa si dimette* (Brescia, Morcelliana, 2013), 109.

LA GRAN OBRA DE ASISTENCIA
EN FAVOR DE LOS JUDÍOS

Pruebas evidentes de la gran obra de asistencia en favor de los judíos se encuentran también en el Museo de la Liberación de Roma, en la Via Tasso, número 145. El museo está instalado simbólicamente en el mismo edificio utilizado por la Gestapo durante la ocupación de Roma para torturar a los prisioneros contrarios al régimen. En las habitaciones que entonces se empleaban como celdas, todavía se conservan los *graffiti* dejados por los infortunados prisioneros.

En la celda número diez del tercer piso, pegada a la pared, hay una lista de 155 instituciones entre centros religiosos, instituciones de la Iglesia, parroquias y colegios que, solo en la ciudad de Roma durante la ocupación nazi, ocultaron, alimentaron y salvaron a 4447 ciudadanos judíos. De ellos, 680 fueron hospedados en locales pertenecientes a iglesias e institutos religiosos, por pocos días, a la espera de un lugar más seguro; otros 3700 encontraron refugio durante meses en cien congregaciones religiosas femeninas y 55 parroquias, institutos, casas y hospederías de religiosos. Solamente los franciscanos de San Bartolomé en la isla Tiberina ocultaron a cuatrocientas personas.

No menos de tres mil judíos encontraron refugio en la residencia veraniega del papa en Castel Gandolfo, sesenta vivieron durante nueve meses en la Universidad Gregoriana, dirigida por los jesuitas, y una media docena durmió en el sótano del Pontificio Instituto Bíblico, cuyo rector era entonces el futuro cardenal Agustín Bea. Los guardias palatinos, que en 1942 constituían una fuerza de trescientos hombres, contaban en diciembre de 1943 con cuatro mil poseedores del precioso pase palatino; al menos cuatrocientos de ellos eran judíos, de los que 240 residían dentro de los recintos vaticanos. El cardenal Boetto, arzobispo de Génova, salvó al menos a 800. El obispo Nicolini, de Asís, escondió a 300 durante más de dos años y el de Campagna, Mons. Giuseppe Maria Palatucci, salvó a muchos más en Fiume.

El cardenal Pietro Palazzini, que era entonces vicerrector del Seminario Romano, escondió durante muchos meses a Michael Tagliacozzo, la principal autoridad entre los hebreos romanos durante el Holocausto, y a otros hebreos italianos en el Seminario —que era de propiedad del Vaticano— en 1943 y 1944. En 1985, el Yad Vashem rindió honor al cardenal como a un *Justo entre las Naciones* y, al aceptar la condecoración Palazzini, subrayó que «el mérito se debía enteramente a Pío XII, que nos ordenó que hiciéramos todo los posible para salvar a los hebreos de la persecución»[35].

Según Luciano Tas, representante autorizado de la comunidad judía de Roma:

«Si el porcentaje de judíos deportados no es tan alto en Italia como en otros países, se debe sin duda a la ayuda activa de la población italiana y de cada una de las instituciones católicas... Centenares de conventos, siguiendo la orden del Vaticano en tal sentido, acogieron a los judíos, millares de sacerdotes los ayudaron, y otros prelados organizaron una red clandestina para la distribución de documentos falsos».[36]

Tanto es así que en Roma, frente a los dos mil judíos deportados, dieciocho mil lograron salvarse.

---

35   Emilio PINCHAS LAPIDE, *Roma e gli ebrei. L'azione del Vaticano a favore delle vittime del Nazismo* (Milán 1967), p. 191.
36   Luciano TAS, *Storia degli ebrei italiani*, (Roma, Newton Compton Editori, 1987).

En esta labor, la Iglesia sufrió bajas. En toda Europa, los religiosos deportados a los campos sumaron más de cinco mil. Según el Martirologio del clero italiano,[37] solo en Italia fueron 729 los sacerdotes, seminaristas y hermanos laicos que perdieron la vida en el periodo que va de 1940 a 1946. Solo en la región del Lacio fueron veinticuatro los sacerdotes que pagaron con su vida su compromiso de caridad: trece párrocos, cinco capellanes militares, seis de otros oficios y cinco seminaristas[38]. De las 729 víctimas, no menos de 170 sacerdotes fueron asesinados en las represalias durante la ocupación por haber ayudado a escapar de la persecución a familias judías y a intelectuales antifascistas.

En el año 2000 se levantó una polvareda por una acusación sin fundamento respecto de que el Vaticano no habría permitido el acceso a sus archivos a una comisión que revisaría el papel de la Iglesia en dicho periodo. El 8 de octubre de 2008, cuando se cumplieron cincuenta años de la muerte del pontífice Pío XII, nuevamente la polémica volvió a encenderse y se lanzaron infundios y calumnias con los tópicos de siempre. Pero Mordechay Lewy, embajador israelí ante el Vaticano, elogió al papa Pío XII por su actuación durante la ocupación nazi de Roma.

Sus comentarios fueron presentados como «un sorpresivo giro en una antigua disputa», porque se produjeron en el marco de una ceremonia para homenajear a un sacerdote italiano que ayudó a cientos de personas frente a los nazis el 16 de octubre de 1943. Durante el acto de entrega de la medalla de «justo entre las naciones», el embajador israelí afirmó que:

> «A partir de la redada del 16 de octubre de 1943 y los días sucesivos en el ghetto de Roma, los monasterios y orfelinatos de las órdenes religiosas abrieron sus puertas a los judíos, y tenemos motivos para pensar que eso sucediese bajo la supervisión de los más altos responsables del Vaticano, que estaban informados de estos gesto. Por eso

---

37 *Martirologio del clero italiano, 1940-1946*, editado por la Acción Católica italiana (Roma, 1963).

38 Angelo ZEMA, «La carità sotto le bombe», Roma Sette, 31 de mayo de 1998, p. 1.

sería un error decir que la Iglesia católica, el Vaticano y el mismo papa se opusieron a acciones para salvar a los judíos. Por el contrario, es lo opuesto».

En realidad, se trataba de órdenes de Pío XII transmitidas por su secretario de Estado, el cardenal Maglione, a través de conversaciones y mensajes confidenciales para evitar represalias de los jefes de la ocupación nazi.

Según el embajador israelí, «el hecho de que el Vaticano no pudiese evitar la salida del tren que llevó los arrestados en Roma al campo de exterminio solo puede haber contribuido a reforzar la voluntad, por parte vaticana, de ofrecer los propios locales como refugio para los judíos». En todo caso, «tenemos que reconocer que el tren que salió el 18 de octubre de 1943 fue el único convoy que los nazis lograron organizar desde Roma hacia Auschwitz».

Los comentarios de Lewy fueron atacados rápidamente por algunos grupos, incluyendo los supervivientes del Holocausto. En un comunicado emitido que pareció ser un intento por calmar la controversia dentro de la comunidad judía mundial, Lewy dijo que sus comentarios estaban «insertos en un contexto histórico más amplio». «Considerando el hecho de que este contexto está todavía sujeto a investigación actual y futura, mi criterio histórico personal fue prematuro», dijo Lewy[39].

---

39 Noticias de prensa publicadas del 24 al 26 de junio de 2011.

¿PROTESTA PÚBLICA O
RESISTENCIA SILENCIOSA?

A pesar de que los numerosos lugares comunes sobre la actitud de la Iglesia a propósito del exterminio nazista han sido demolidos por historiadores muy serios, la acusación que algunos lanzan contra el silencio de Pío XII puede quedar formulada en estos términos por Litvinoff: «El Vaticano no usó en los momentos críticos todos sus poderosos medios de presión sobre el mundo católico para frenar la política hitleriana. El papa no habló nunca contra la solución final ni invitó jamás a los gobiernos de diversos países a efectuar esfuerzos particulares para frenar dicha política», quien añade que los polacos, los franceses, el Vaticano y todos los demás habrían podido y debido hacer *mucho más*[40]. Lo cual es reconocer lo que la Santa Sede hizo.

Los hechos que convencieron a Pío XII a no protestar pública-mente fueron muchos y muy tristes. El primero fue el fracaso total de la encíclica de Pío XI —*Mit brennender Sorge*—, la condena más dura que se pueda pensar del nacionalsocialismo y del racismo. Como es sabido, el texto de esta encíclica fue introducido en Alemania con gran secreto, impreso en doce tipografías diversas, distribuido con el máximo secreto por todos los sacerdotes responsables de igle-sias y parroquias y leído en todos los púlpitos de Alemania el 21 de

---

40   B. LITVINOFF, *Il roveto ardente. Storia del antesemitismo* (Milán, Mondadori, 1989).

marzo de 1937. Pero el resultado no fue el cese de la persecución contra los hebreos, sino todo lo contrario, ya que Hitler se enfureció y las medidas contra los hebreos fueron todavía más duras. Las doce tipografías que habían impreso la encíclica fueron confiscadas por la Gestapo y muchos católicos acabaron en la cárcel.

La *Mit brennender Sorge* tuvo una resonancia realmente mundial. Por motivos sobre todo políticos fue uno de los primeros actos pontificios que superó las fronteras del mundo católico: fue leída por creyentes y no creyentes, por católicos y protestantes; es más, por primera vez, estos últimos tributaron a un documento papal reconocimientos públicos que eran impensables poco antes.

Según un prestigioso periódico protestante holandés, la encíclica «sería válida» también para los cristianos de la Reforma, «pues en ella el papa no se limita a defender los derechos de los católicos, sino también los de la libertad religiosa en general». Ciertamente la *Mit brennender Sorge* fue acogida de manera diferente según la sensibilidad y la cultura política de las muchas personas que la leyeron.

El hecho es que fue interpretada generalmente no solo como un acto de protesta de la Santa Sede por las continuas violaciones del Concordato de 1933 por parte del gobierno alemán, o como una desautorización doctrinal de los errores del nacionalsocialismo, sino sobre todo como un acto de denuncia del nazismo mismo y de su Führer, y esto lo comprendieron inmediatamente los jerarcas del Reich.

Es verdad que no menciona nunca ni al nacionalsocialismo ni a Hitler, pero si se va más allá de la «letra» del documento, es fácil percibir detrás de cada página, de cada frase, una auténtica acusación contra el sistema hitleriano y contra sus teorías racistas y neopaganas. Esto lo comprendieron la gran mayoría de los lectores del documento papal. Por eso, se convirtió en una de las mayores y más valientes denuncias de la barbarie nazi, pronunciada de manera autorizada por el obispo de Roma, cuando todavía la gran parte del mundo político europeo veía a Hitler con una mezcla de admiración, sorpresa y miedo.

El segundo hecho que le convenció a Pío XII de que no debía hacer una protesta pública fue cuanto ocurrió en 1942 en Holanda. En aquel año, comenzó en el país ocupado por los nazis la deportación de los hebreos. El cardenal primado, Johannes de Jong, reaccionó desde el comienzo de la ocupación en 1940 dando directrices que se leían en las parroquias, entre ellas la prohibición de que los católicos participaran en organizaciones nazis. Estas medidas estimularon a muchos sacerdotes en su actitud de apoyo a los judíos y fueron una ayuda para el movimiento clandestino de Resistencia.

Todos los jefes de las iglesias —calvinistas, luteranos y católicos— se pusieron de acuerdo para hacer leer un domingo en las iglesias una protesta contra la deportación de los hebreos. El plan fue descubierto por el jefe de la Gestapo, Karsten, quien hizo saber a todos los jefes de las iglesias y de las comunidades eclesiales que, si hubiesen hecho un acto de protesta pública, habrían sido deportados no solo los hebreos de raza y de religión hebrea, sino también los hebreos que se habían convertido al cristianismo y habían sido bautizados. Ante esta amenaza, todos los responsables se echaron atrás, menos los católicos. De este modo, en todas las iglesias católicas holandesas fue leída una protesta pública.

Como represalia, el comisario del Reich dio la orden de sacar de los conventos a todos los religiosos y religiosas de origen judío. Eran unos trescientos, que fueron deportados y murieron en los campos de concentración. El caso más conocido es el de Edith Stein, carmelita nacida judía, muerta en Auschwitz en agosto de 1942. Ante esta reacción nazi, la Iglesia protestante dejó de llevar a cabo acciones comunes con la católica.

Este hecho lo supo Pío XII precisamente en el momento en el que estaba pensando publicar en *L'Osservatore Romano* una protesta contra el nazismo, pero quedó tan impresionado que rompió las cuatro páginas del texto que había escrito y las quemó. La prueba de la existencia de este documento viene de muchos testimonios, como el de sor Pasqualina Lehnert, sor Konrada Grabmeier, el padre Robert Leiber e incluso el del cardenal francés Eugène Tisserant. Estos testigos revelaron que el papa había escrito aquel documento y que decidió quemarlo personalmente en la cocina y esperar hasta que quedara totalmente destruido. La conmoción que le ocasionó el caso holandés fue tan profunda que prefirió quemarlo a provocar ulteriores daños a los judíos.

Holanda tuvo el mayor número de hebreos —cerca de 110 000, el 79% de todos— deportados a los campos de exterminio, más que cualquier otro Estado de la Europa Occidental.

En realidad, fueron muchos los hebreos que aconsejaron a Pío XII que se abstuviera de una denuncia pública; entre ellos hubo centenares de huidos de Berlín y de otras ciudades alemanas.

El obispo Jean Bernard de Luxemburgo, detenido a Dachau de 1941 a 1942, avisó al Vaticano diciendo que cada vez que se elevaban protestas, empeoraba inmediatamente el trato dado a los detenidos. Hacia finales de 1942, el arzobispo Sapieha de Cracovia y otros dos obispos polacos, habiendo experimentado las salvajes represalias de los nazis, le pidieron a Pío XII que no publicara sus cartas sobre la situación de Polonia. Incluso Susan Zuccotti, que acusa injustamente a Pío XII de ser el culpable del Holocausto, admite que en el caso de los hebreos romanos, el papa pudo estar muy preocupado por el hecho de haberlos escondido y por sus protectores católicos[41].

En la misma Alemania, el obispo de Münster, C. A. von Galen, llamado el «León de Münster» por sus tomas de posición contra el nacionalsocialismo, quiso pronunciar una homilía contra la persecución de los hebreos, pero la comunidad hebrea, a la que había pedido consejo[42], le convenció para que no lo hiciera porque no habría servido de nada, es más, habría causado la muerte de muchos hebreos.

Pío XII le hizo llegar sus ánimos y su aplauso ¿Pero quién era Clemens August von Galen? El *New York Times* publicaba en 1942, en plena guerra, una serie de artículos sobre eclesiásticos que se oponían a Hitler. El 8 de junio de aquel año, el diario estadouni-

---

41   Esta autora estadounidense critica duramente en su libro *Under His Very Windows. The Vatican and the Holocaust in Italy* (Yale University Press, New Haven (Connecticut) 2000), («Precisamente bajo sus ventanas») que la falta de sentido católico en su propia casa demostraría aparentemente la hipocresía de cada referencia actual del papa a su autoridad moral.

42   Sobre la relación del obispo de Münster con los judíos, véase en las biografías sobre von Galen: Max BIERBAUM, *Nicht Lob nicht Furcht* (Münster 1974); Joachim KUROPKA, *Clemens August Graf von Galen. Neue Forschungen zum Leben und Wirken des Bischofs von Münster* (Münster 1992).

dense abría la serie titulada *Churchmen who defy Hitler* precisamente con un artículo sobre el obispo von Galen, definiéndole de este modo: «El opositor más empecinado del programa nacionalsocialista anticristiano». El primer biógrafo de von Galen, el sacerdote alemán Heinrich Portmann, que desde el 38 hasta el 46 fue su secretario privado, observó una coincidencia: «Von Galen gobernó como obispo por un periodo igual al de Adolf Hitler. Fue consagrado obispo nueve meses después que Hitler llegara al poder y murió unos nueve meses después de la muerte del Führer».

También los obispos alemanes, como los de otras nacionalidades, pidieron al papa que no interviniera contra el nazismo porque cuando él hablaba públicamente contra Hitler, este trataba con mayor violencia tanto a los católicos como a los hebreos. Y de esto tenemos el testimonio del cardenal Dezza, que fue confesor de Pío XII, y sabe que el papa vivía la tragedia de este dilema: «Si yo callo, se lamentan porque el papa calla, y no hace oír su voz con la fuerza y la firmeza que las circunstancias requieren. Pero, por otra parte, si yo hablo, sucede que Hitler se venga haciendo persecuciones todavía más graves contra católicos y hebreos». Y el papa no sabía realmente qué hacer, si callar o hablar; sufría mucho en esta situación. Y optó por el «silencio»; un «silencio» que salvó a muchos judíos de morir en el holocausto.

Una protesta pública no hubiera salvado la vida de un solo judío. Solo hubiera agravado la persecución de judíos y católicos. Por otra parte, hubiera impedido o hecho prácticamente imposible la difundida acción silenciosa para ayudar a judíos en todo lo posible.

Es bien conocido que ninguna organización salvó tantos judíos como la Iglesia católica, y esto por orden oficial de Pío XII. Él sabía muy bien, y está documentado que este «silencio» —que en realidad no fue «silencio» para aquellos que realmente querían oír y comprender—, podría serle reprochado un buen día. Pero no estaba preocupado por su reputación, quería salvar la vida de judíos, la única decisión justa que, sin duda, exigía sabiduría y muchísimo coraje.

Pío XII consideró varias veces la posibilidad de hacer una denuncia pública del nazismo. Pero sabía también que ponía en riesgo la vida de muchas personas. Ya había ocurrido después de la publicación de la *Mit brennender Sorge,* y había tenido la oportunidad de ver que no había producido beneficio alguno; al contrario, la situación se había agravado. Pío XII sabía que una declaración pública «debe ser considerada y sopesada con seriedad y profundidad, en el interés de aquellos que más sufren».

El papa adoptó una estrategia para ayudar con más eficacia y libertad a los judíos perseguidos por los nazis, como él mismo confió a don Pirro Scavizzi: «Tras muchas lágrimas y muchas oraciones —dijo el papa al capellán que recogía noticias sobre los perseguidos—, he considerado que mi protesta habría suscitado las iras más feroces contra los judíos y multiplicado los actos de crueldad, pues están indefensos. Quizá mi protesta me hubiera traído la alabanza del mundo civil, pero habría ocasionado a los pobres judíos una persecución todavía más implacable de la que ya sufren. Dígales que el papa sufre con ellos, sufre con los perseguidos, y que si a veces no alza más la voz es solo para no provocar daños peores».

Pierre Blet, el mayor experto mundial sobre el tema, trata de buscar los motivos de la actitud de Pío XII en una fórmula lapidaria de la Cruz Roja: «Las protestas no sirven para nada y pueden prestar un pésimo servicio a quien se quiere ayudar», y en una consideración del Departamento de Estado americano: «La única manera de ayudar a los hebreos es ganar la guerra».

De hecho, una posible declaración pública de Pío XII habría dado pie a presentarlo como enemigo de Alemania. Pío XII, como pastor que era, no podía desentenderse de los católicos alemanes. Al mismo tiempo, el papa no se hacía ilusiones sobre las intenciones del Tercer Reich. Mientras el papa permanecía en silencio, la Secretaría de Estado, las delegaciones apostólicas y toda la Iglesia llevaban a cabo una extensa acción de ayuda a los judíos y a las víctimas de la guerra.

Pío XII tuvo que afrontar un dilema: el silencio podía ser interpretado como indiferencia ante la suerte de los judíos o cobardía ante el poder nazi; pero la protesta pública podía acarrear represalias contra los católicos alemanes, provocar nuevas atrocidades contra los judíos y comprometer sus esfuerzos para salvar a todos los que fuera posible. El Papa eligió —no sin dudas y problemas de conciencia— la vía silenciosa pero eficaz de los canales diplomáticos y las intervenciones ante autoridades que podían ser receptivas.

Hoy día algunos estiman que si el Vaticano hubiera protestado públicamente contra la persecución de los judíos, las matanzas no habrían alcanzado tales proporciones. Como tantas cosas en la historia, la cuestión de «qué hubiera pasado si...» se presta a fáciles ejercicios de clarividencia *a posteriori*. Lo que sí se puede comprobar es hasta qué punto las protestas públicas de los obispos que eligieron este camino sirvieron para frenar a los nazis.

A pesar de la valiente actitud de los obispos holandeses y de las acciones populares de resistencia, la comunidad judía holandesa sufrió relativamente más que la de otros países como Francia o Bélgica. Del total de 125 000 judíos, 107 000 fueron deportados y solo volvieron con vida 5200.

¿Cómo escaparon tan pocos a la deportación? El historiador David Barnouw, del Instituto Nacional de Documentación sobre la Guerra (RIOD), declaró a *Le Monde* (13-III-98) que los nazis encontraron colaboración por parte de funcionarios y policías: «Los holandeses respetan el orden y a los que ocupan el poder. La colaboración de los altos funcionarios sirvió de ejemplo a las capas inferiores de la Administración». La policía participó activamente en las redadas de judíos, si bien también dejó escapar a algunos. Otros dicen que el hecho de que la familia real y el gobierno huyeran a Londres en 1940 no favoreció la resistencia popular.

Al acabar la guerra, 150 000 holandeses fueron detenidos por actos de colaboracionismo. También tuvieron problemas algunos judíos que formaron parte del «Consejo judío», organismo favorecido por los nazis, que deseaban tener un «interlocutor» en la comunidad. Los nazis idearon un sistema perverso: era el propio Consejo el que debía seleccionar qué judíos serían deportados a los campos de concentración. Primero concedieron un trato de favor a los miembros del Consejo, pero luego exigían a cambio que delataran a otros. Algunos comentaron después que el Consejo prefirió deportar al principio al proletariado judío para salvar a los más ricos. Pero, según Barnouw, «no hubo propiamente conciencia de clase, sino el deseo de cada uno de salvar su vida».

En la posguerra, como ocurrió también en otros países, se extendió la idea de que casi todos los holandeses habían participado en la resistencia contra los nazis, aunque los historiadores ofrecían un juicio más matizado. Recientemente, un representante de la comunidad judía pidió a los sindicatos de policías que presentaran sus excusas por la colaboración en las deportaciones. Pero le respondieron que esto sería un insulto a la memoria de los policías que rehusaron colaborar.

No hay duda de que no hubo condenas públicas del racismo por parte de Pío XII. Incluso su radiomensaje de 1942, que tuvo un valor altísimo, no fue explícito a este respecto. Se trata de comprender las razones de esta actitud. No fue ciertamente debido a miedo personal el silencio del pontífice, y menos todavía a complicidad política. Como máximo se puede hablar de cautela, quizá de excesiva cautela por parte de Pío XII, según la opinión de los más exigentes, que conocían lo que estaba ocurriendo en los territorios ocupados por los nazis y en Alemania.

Pío XII estaba seguro de tener ante sí a un criminal, a un hombre sin escrúpulos y decidido a todo como era Hitler, que no se habría parado ante ninguna condena, ni siquiera del mismo papa, como no se paró ante ninguna victoria del enemigo. Pío XII estaba convencido de que el triunfo de Alemania supondría el final del cristianismo en Europa. A finales de 1941, Pío XII dijo al cardenal Gerlier, arzobispo de Lyon: «Si Alemania ganara la guerra, yo considero que sería la mayor desventura que afectaría a la Iglesia desde muchos siglos acá»[43].

Los obispos alemanes pensaban lo mismo; tenían la convicción de que teniendo mano libre en Europa, Hitler habría aplastado a la Iglesia como se «aplasta a un sapo» (*wie eine Kröte*), habría desencadenado una persecución a todo campo. Y Pío XII compartía plenamente esta opinión.

Resulta espontánea la pregunta: ¿por qué, entonces, si el papa pensaba que una victoria nazi habría sido tan desastrosa, no lo dijo de

---

43   Esto lo sabemos por el libro de J. DUCHESNE, *Les Catholiques Français sous l'Occupation* (París, Grasset, 1966), p. 174.

forma inequívoca exhortando a los fieles a movilizarse contra Hitler? Esto implica una simplificación muy vulgar de la situación en la que el papa se encontraba: una situación incandescente como la guerra en el corazón de Europa. También hoy al papa se le dan, en circunstancias análogas, sugerencias, consejos y soluciones simplistas. Personas bien intencionadas —o desesperadas— no llegan a comprender por qué el papa no va personalmente a tratar con los gobernantes, a implorar a los beligerantes o, incluso, a ordenarles que cesen las hostilidades[44].

A Pío XII le pasó esto mismo en los días que precedieron el comienzo de la guerra mundial. Muchas personas le pidieron que fuera inmediata y personalmente a hablar con Hitler para prevenir un conflicto a nivel internacional, lo cual daba a entender que no había hecho todo lo que estaba de su parte en favor de la paz. La respuesta la dio el mismo papa, que escribió la nota aparecida en *L'Osservatore Romano* el 15 de septiembre de 1939. En ella afirmaba, en tercera persona, que Su Santidad había agotado todas las posibilidades que de algún modo podían ofrecer la mínima esperanza de mantener la paz.

El papa pensaba justamente que tenía delante a un loco dispuesto a todo. Condenarlo o tentar de persuadirlo era, en aquellas circunstancias, peligroso e inútil. Sin embargo, era mucho más útil salvar el mayor número posible de vidas humanas. Se trató de una decisión difícil y quizá Pío XII tuvo una extrema lucidez y una gran valentía personal, porque renunció a hacer gestos espléndidos, pero peligrosos. En vez de pasar a la historia con gestos clamorosos, prefirió la ayuda concreta, callada y silenciosa en favor de los hebreos, dañando incluso su misma imagen de cara al futuro y su fama.

Quien vivió aquellos momentos dramáticos, quien conoció las deportaciones, quien se salvó de los campos de concentración y de exterminio comparte plenamente este juicio.

---

44 Bien conocidos son los comentarios y reacciones actuales sobre la actitud del papa Francisco y sus declaraciones públicas a propósito de la Guerra de Ucrania y sus deseos, imposibles de cumplir por ahora, de desplazarse hasta Moscú y Kiev para hablar directamente con los máximos dirigentes políticos de ambos países.

«PÍO XII HIZO POR LOS JUDÍOS MUCHO MÁS QUE LAS IGLESIAS EVANGÉLICAS, LA CRUZ ROJA Y LOS GOBIERNOS OCCIDENTALES»

El rabino David G. Dalin publicó el libro *The Myth of Hitler's Pope: How Pope Pius XII Rescued Jews from the Nazis* (El Mito del Papa de Hitler: Cómo Pío XII rescató a los judíos de los nazis), en el que se da cuenta de la verdadera relación histórica del pontífice con los judíos de ese tiempo. «Ha existido una tradición de apoyo papal para los judíos en Europa desde el siglo XIV, por lo menos. Es abominable culpar a Pío XII, amigo de los judíos, por cosas que son absoluta responsabilidad de Hitler», afirma Dalin y pone como ejemplo la amplia documentación que da cuenta de Pío XII salvando las vidas de casi cinco mil judíos en Roma, escondiéndolos en el Vaticano, en monasterios y en conventos de la ciudad.

Según Dalin, Pío XII hizo por los judíos mucho más que las iglesias evangélicas, la Cruz Roja y los gobiernos occidentales. Frente a la Shoah, los aliados guardaron silencio y tanbién a todos los demás, pero solo se le piden cuentas a Pío XII. A los demás nunca se les pone en discusión.

Mientras muchos gobiernos europeos contemporizaban con los nazis o pactaban con ellos, los papas Pío XI y Pío XII condenaron firmemente a los nazis. Para el segundo, Hitler era «el más grande enemigo de Cristo y de la Iglesia en los tiempos modernos». Mientras fue nuncio apostólico en Alemania, el cardenal Pacelli pronunció 44 discursos. En 40 de ellos denunció algunos de los aspectos de la emergente ideología nazi. Para el rabino Dalin, el origen de las calumnias contra el santo padre se debe a «la cultura liberal de la guerra, que se opone a la tradición —en donde la controversia de Pío XII es un microcosmos— que debe ser reconocida por lo que es en realidad: un asalto a la Iglesia católica como institución y a la religión tradicional».

El libro relata muchas historias dramáticas, peticiones de ayuda a las que el Vaticano a veces no lograba responder porque en una Europa en guerra, las comunicaciones eran lentas y difíciles. Faltaban fuerzas en el terreno y había una labor de inteligencia nazi que intentaba impedir que las peticiones de ayuda llegaran a buen puerto. Los sentimientos de amargura e impotencia expresados en muchas ocasiones por los miembros de la oficina de Pío XII son muy llamativos.

Uno puede ver cómo monseñor Barbetta o monseñor Dell'Acqua y los demás miembros del personal, dirigidos por los cardenales Maglione y Tardini, trabajaron sin descanso para intentar ayudar a las personas que huían, para trasladarlas de un extremo al otro del mundo, para tener que admitir después que habían llegado demasiado tarde y que sus esfuerzos habían sido en vano.

El libro de Dalin desmiente con pruebas contundentes la histórica (por vieja) mentira del antisemitismo del papa Pío XII. Para que no queden dudas, el libro lleva por subtítulo: «Cómo Pío XII salvó a los judíos de los nazis». El escarnio que se hizo durante muchos años de este papa santo, de parte de muchos escritores y periodistas que odian el cristianismo, merece ser catalogado como una de las más grandes mentiras de la historia o de las leyendas negras sobre la Iglesia.

En Italia no existía una tradición antisemítica porque el hebreo italiano estaba fuertemente asimilado; la tolerancia con la que el italiano interpreta la religión lo hace indulgente hacia el disidente; y a todo ello hay que añadir la amable inclinación italiana a ignorar o a interpretar las reglas. Muchos fueron los italianos que ayudaron a los hebreos por convicciones religiosas y humanitarias. Italia fue, junto con Dinamarca, el país ocupado por los alemanes con mayor porcentaje de sobrevivientes: en ellos cerca del 85% de los hebreos consiguió escapar del holocausto[45].

Marcus Melchior, el rabino jefe de Dinamarca, que sobrevivió al Holocausto,dijo: «Si el Papa hubiera hablado, Hitler habría masacrado a muchos más de los seis millones de judíos y quizá a 10 millones de católicos».

Otro dato muy significativo es que de los siete millones de deportados por los nazis durante la guerra, solamente sobrevivieron en 1945 unos 850 000. Se ha calculado que un 90% de los sobrevivientes debía su vida a la protección que recibieron de parte católica.

Mientras tanto, se siguen revelando nuevos detalles sobre el trabajo que realizó Pío XII a favor del pueblo judío. Un artículo de George Johnston en *The Wall Street Journal* puso de relieve que Eugenio Pacelli contribuyó a preparar la encíclica *Mit brennender Sorge* (1937), en la que su predecesor Pío XI condenó el nazismo. La encíclica, prohibida en Alemania, fue introducida en el país de modo clandestino y leída a los fieles en las iglesias católicas. Varios historiadores judíos, como Joseph Lichten, de B'nai B'rith (organización judía dedicada a denunciar las manifestaciones de antisemitismo y mantener viva la memoria del genocidio nazi), han documentado los esfuerzos del Vaticano en favor de los hebreos perseguidos.

---

45 Sobre la ayuda a los hebreos en Italia cf. S. ZUCCOTTI, *L'Olocausto in Italia* (Milán, Mondadori, 1988); M. MARCHIONE, *Pio XII e gli ebrei* (Roma, Ed. Pantheon, 1999) propone las memorias de hebreos y católicos que vivieron en Italia durante la Segunda Guerra Mundial y documenta como centenares de italianos se empeñaron, corriendo graves riesgos, para salvar a los hebreos de los criminal locura nazi. No existen documentos sobre cómo y dónde tantos hebreos encontraron protección y alojamiento seguro; hubiera sido absurdo dejar el menor indicio a disposición de la Gestapo. Por ello, el valor de este libro radica en los recuerdos directos de los protagonistas, en entrevistarlos y en reconstruir los lugares, personas, cifras y situaciones; se trata, a fin de cuentas, de ofrecer un testimonio histórico de gran valor. Cf. también la síntesis historiográfica general de M. BENDISCIOLI, *Germania religiosa nel terzo Reich. Conflitti religiosi e culturali nella Germania nazista. Dalla Testimonianza (1933-1935) alla storiografia (1946-1976)* (Brescia, Morcelliana, 1977), 2ª ed.

Lichten señala, por ejemplo, que en septiembre de 1943, Pío XII ofreció bienes del Vaticano como rescate de judíos apresados por los nazis. También recuerda que, durante la ocupación alemana de Italia, la Iglesia, siguiendo instrucciones del papa, escondió y alimentó a miles de judíos en la Ciudad del Vaticano y en Castel Gandolfo, así como en templos y conventos. En gran parte, por eso los judíos tuvieron en Italia una tasa de supervivencia mucho más alta que en otros países ocupados por los nazis: se calcula que el Vaticano salvó a algunos cientos de miles. Esta fue una de las razones que movieron a Israel Zolli[46], Gran Rabino de Roma, a convertirse al catolicismo junto con su esposa cuando terminó la guerra, y a tomar en el bautismo el nombre de pila del papa, Eugenio, al que añadió el de Pío, en señal de gratitud[47].

A propósito de Zolli, hay que decir que a partir de 1940 fue el Gran Rabino de Roma y se dedicó a intentar garantizar la seguridad de los judíos de la Ciudad Eterna. Facilitó en muchos casos el ocultamiento y el traslado de judíos a zonas menos peligrosas. Durante ese período conoció al papa. El 27 de septiembre de 1943, el coronel Herbert Kappler, jefe de la Gestapo en la Roma ocupada, exigió a la comunidad judía que entregara 50 kg de oro en tan solo 24 horas, bajo pena de deportación a Alemania en caso de incumplimiento. La comunidad solo logró reunir 35 kg del metal, por lo que Zolli pidió ayuda a Pío XII para reunir el resto. El pontífice puso a su disposición la cantidad que faltaba. Cuando Zolli fue a pedir

---

46   Eugenio Pio Zolli (Brody, Ucrania , 1881 – Roma 1956). Nació con el nombre de Israel Anton Zoller en una familia judía polaca. En 1904, a los 23 años, viajó a Viena y luego a Italia, donde se estableció. Nombrado Gran Rabino de Trieste en 1920, enseñó lengua y literatura hebreas en la Universidad de Padua. Allí conoció y desposó a Emma Majonica, con quien tuvo una hija, Myriam. Obtuvo la ciudadanía italiana en 1933 y, a causa de la política de italianización obligatoria de los nombres instaurada durante el fascismo, adoptó el nombre de Italo Zolli.

47   Al recibir el bautismo en la basílica de Santa María de los Ángeles, el 13 de febrero de 1945, escogió el nombre de Eugenio en honor a Pío XII, cuyo nombre de nacimiento era Eugenio Pacelli. Su esposa Emma y su hija Myriam también adoptaron el catolicismo, esta última un año después. De acuerdo con su biógrafa Judith Cabaud, en octubre de 1944, el día de Yom Kippur, tuvo una visión dentro de una sinagoga, en la que Jesús le decía: «estás aquí por última vez: a partir de ahora me seguirás». En 1945 publicó su libro *Antisemitismo* y, al año siguiente, *Christus*.

los 15 kg de oro faltantes, la respuesta del Vaticano fue, después de consultar al papa, que fuera antes de las 13 h, y le dijeron: «Las oficinas estarán desiertas, pero dos o tres empleados lo esperarán para entregarle el paquete (...) no habrá dificultades». Zolli volvió para informar al papa que la cantidad de oro requerida ya la habían conseguido, en parte gracias al aporte de numerosas organizaciones católicas y de los párrocos[48].

En septiembre de 1943, renunció al cargo de Gran Rabino sin expresar motivos. La comunidad judía de Roma le propuso ser director del Colegio Rabínico, pero Zolli no aceptó. Fue profesor en la Universidad de La Sapienza y en el Pontificio Instituto Bíblico, concentrándose en las relaciones entre judaísmo y cristianismo. En 1953, dictó una serie de conferencias en la Universidad de Notre Dame (Indiana, Estados Unidos), donde publicó también su auto-biografía *Before the dawn* (*Antes del alba*). Murió el 2 de marzo de 1956 (el día en que Pío XII cumplía 80 años) y recibió sepultura en el cementerio romano de Campo Verano. Dejó escrito en su libro *Mi encuentro con Cristo*: «Jesús mío, ¿cómo he podido vivir sin Ti? Pero... ¿he vivido alguna vez sin ti?»[49].

El Vaticano no fue el único que no hizo denuncias públicas. También la Cruz Roja Internacional y el Consejo Ecuménico de las Iglesias coincidieron con la Santa Sede en que era mejor guardar silencio para no poner en peligro los esfuerzos en favor de los judíos. Pero nadie ataca a la Cruz Roja por su «silencio» ante el Holocausto. Las organizaciones humanitarias judías estaban completamente de acuerdo con el Vaticano: una denuncia pública no tendría la menor influencia en los planes de Hitler, y en cambio pondría en peligro a los judíos que la Iglesia tenía escondidos.

De hecho, cuando la jerarquía católica de Ámsterdam en 1942 denunció vigorosamente la persecución de los judíos, los nazis res-pondieron redoblando las redadas y deportaciones; al final de la guerra, había muerto el 90% de los judíos de la capital.

---

48   Judith CABAUD, *Eugenio Zolli ou le prophéte d'un monde nouveau;* versión española, *El rabino que se rindió a Cristo* (Madrid, Ed. Voz de Papel, 2002), p.73.
49   *Mi encuentro con Cristo* (Madrid, Patmos, 1952).

DATOS SOBRE LOS JUDÍOS ROMANOS PROTEGIDOS POR PÍO XII

Durante la ocupación nazi de Roma —como se relata, por ejemplo, en dos libros: *La resistencia en el convento,* de Forcella y el publicado por Riccardi, *El invierno más largo*[50]—, la Iglesia se puso totalmente a disposición de los judíos: casi todas las basílicas, las iglesias, los seminarios y los conventos los hospedaron y les dieron una mano. Tanto es así que en Roma, frente a los dos mil judíos deportados, dieciocho mil lograron salvarse. Ahora bien, no quiero decir que la Iglesia de Pío XII salvó a todos esos dieciocho mil, pero sin duda la Iglesia contribuyó a salvar a la mayor parte. Y es imposible que el papa no tuviese conocimiento de lo que hacían sus sacerdotes y sus religiosas. El resultado fue que durante años, años y años —hay decenas de citas posibles—, personalidades importantísimas del mundo judío reconocieron este mérito, atribuyéndolo explícitamente a Pío XII.

Había 8207 judíos en Roma antes de la incursión nazi en el *ghetto* judío el 16 de octubre de 1943. De ellos, 1323 (el 16%) encontraron refugio antes de la redada. Dieciocho fueron a las propiedades extraterritoriales del Vaticano, 393 a pueblos en las montañas alre-

---

50 Enzo FORCELLA, *La resistenza in convento* (Turín, Einaudi, 1999); Andrea RICCARDI, *L'inverno più lungo. 1943-44: Pio XII, gli ebrei e i nazisti a Roma* (Bari-Roma, Laterza, 2008).

dedor de Roma, 368 a casas particulares de amigos, 500 a 49 conventos romanos diferentes y 44 a parroquias y colegios pontificios en Roma.

Pío XII ayudó a 152 judíos escondidos en casas particulares bajo la protección de Delasem, la Delegación de Ayuda a los Emigrantes Judíos. En total, Pío XII prestó ayuda a unos 714 judíos. Y acogió en el Vaticano a por lo menos 30 eruditos judíos, que trabajaron y realizaron sus investigaciones en los Museos y Archivos Vaticanos después de haber sido despedidos de sus instituciones debido a las leyes raciales. Entre ellos estaban Hermine Speier, que empezó a trabajar en el Vaticano en 1934; Fritz Volbachm, contratado en el Vaticano en 1939, y el médico Erwin Stuckold.

Pío XII solicitó a por lo menos 49 conventos que escondieran y albergaran a los judíos, y declaró a esos conventos zonas extraterritoriales bajo la autoridad del Vaticano. Estas cifras demuestran que el papa estaba activamente a favor de los judíos mucho antes de la redada nazi de 1943 en el *ghetto*. Ese sábado, al amanecer, 365 soldados nazis acorralaron a 1351 judíos. De ellos, 61 fueron liberados inmediatamente y otros 258 fueron liberados después de ser retenidos en un colegio militar. Y antes de que el tren partiera de la estación Tiburtina de Roma hacia Auschwitz, otros dos judíos fueron liberados. Un hecho poco conocido es que Pío XII y sus colaboradores fueron responsables de la liberación de 249 judíos romanos ese día, aproximadamente una quinta parte de los detenidos.

A primera hora de la mañana del día de la redada, Pío XII se puso en contacto con el embajador alemán Ernst von Weizsäcker para convencerle de que llamara a Berlín y detuviera la redada, pero el embajador no lo hizo. Entonces, a través del alemán padre Pancracio Pfeiffer, superior de los salvatorianos, Pío XII se puso en contacto con el general Reiner Stahel, jefe del ejército alemán en Roma en ese momento, quien telefoneó directamente a Himmler y le convenció de que detuviera la redada a las 12 del mediodía. Al mismo tiempo, el comandante de las SS Dannecker recibió instrucciones de Berlín para liberar a todos los judíos de matrimonios mixtos y al servicio de los «arios».

La redada en la zona central de la ciudad terminó entre las 11 y las 11:20 h de la mañana, mientras que en las afueras de Roma terminó a las 13:20 h. De los 1030 judíos deportados a Auschwitz el 18 de octubre, solo 16 regresarían después de la guerra. Los alemanes mantuvieron su actividad de búsqueda, detención y deportación de judíos incluso después de la redada. Desde el 18 de octubre de 1943 hasta enero de 1944, 96 judíos fueron arrestados. Y a partir del 2 de febrero de 1944, fueron detenidos 29 judíos en cinco colegios católicos y 19 judíos en la abadía de San Pablo Extramuros, que era un territorio extraterritorial del Vaticano.

En marzo de 1944, la situación se agravó aún más. Del 21 de marzo al 17 de abril, unos 10 judíos fueron arrestados y deportados diariamente. Y del 28 de abril al 18 de mayo, cinco judíos fueron arrestados y deportados cada día. Finalmente, los judíos no tuvieron más remedio que huir o pasar a la clandestinidad.

Pío XII escondió a 336 judíos en parroquias y hospitales diocesanos; al mismo tiempo, siguió enviando alimentos y ayuda financiera a Delasem. Las fuentes demuestran que solo había 160 judíos en el Vaticano y en sus 26 sedes extraterritoriales. Esto se debe a que la estrategia de Pío XII fue ocultar a los judíos romanos en pequeños grupos en los conventos de Roma. Desde el 10 de septiembre de 1943 hasta el 4 de junio de 1944, Pío XII llevó a cabo 236 intervenciones en favor de los judíos arrestados en Roma y que iban a ser deportados. Tras sus intervenciones, 42 judíos arrestados fueron liberados[51].

---

51   Estos datos, según recoge Andrea Gagliarducci en *ACI Stampa* y *Catholic News Agency* (CNA), proceden de las investigaciones de Dominik Oversteyns, antiguo ingeniero que ha cruzado los datos y utilizado la técnica matemática de la extrapolación para analizar las cifras de judíos italianos asesinados y deportados. Sus estudios, presentados en una serie de conferencias y que quiso compartir con CNA, arrojan luz sobre la intervención de Pío XII antes y después de la redada nazi en el *ghetto* judío de Roma (ACAPRENSA, 3 septiembre 2021).

1963: COMIENZA LA CAMPAÑA CALUMNIOSA CON EL VICARIO DE HOCHHUTH

Las críticas contra el papa partieron de sectores ligados al bloque comunista soviético, no de los judíos. La campaña denigratoria comenzó con la operación «Butaca-12», dirigida por la KGB y los servicios secretos soviéticos. Lo sabemos por el testimonio de Ion Mihal Pacepa, ex general del Servicio Secreto Rumano, el militar de grado más elevado perteneciente a la sección de Inteligencia que desertó del bloque soviético, quien en 2007 afirmó que *El Vicario* fue el fruto de un plan de desacreditación ordenado por Nikita Kruschov y pergeñado por la KGB en 1960.

Los bulos nacieron entonces con la propaganda comunista y se transmitieron a través de la «nueva izquierda» por toda Europa, junto con la obra de financiación soviética *El Vicario*, que tuvo como objetivo minar la autoridad moral del Vaticano y su influencia en Occidente. Pero nadie habla del *post scriptum* a su obra, en el que Hochhuth reconoce que el Vaticano ayudó a los judíos durante el Holocausto.

Empezaron, además, en 1963, cinco años después de la muerte del papa. Hasta ese año, el reconocimiento judío a Pío XII era unánime. ¿Por qué este interés de la Unión Soviética sobre el particular? En primer lugar, es posible que la furia de una izquierda marxista viera en Pío XII la representación de un bastión acérrimo del anticomunismo. *El Vicario* fue un drama de ficción constituido por cinco actos según las reglas clásicas. El título hace referencia a Pío XII que no denunció al mundo el genocidio nazi, aunque el autor no obvia que cristianos, a título individual, ayudaran a salvar víctimas potenciales del régimen hitleriano arriesgando sus propias vidas.

En cuanto a los personajes, unos son reales, pero otros son ficticios; algunos de los cuales se basan en personas reales, como el padre Ricardo Fontana, sacerdote jesuita inspirado en Bernhard Lichtenberg, un sacerdote católico que sufrió una sistemática persecución y dos años de prisión por su oposición al nacionalsocialismo. Cuando en 1943 fue deportado al campo de concentración de Dachau, murió. Fue beatificado en 1996 por san Juan Pablo II.

Otro personaje es Kurt Gerstein, denominado «el testigo de Dios», que incluso dentro del aparato de la muerte, lucha incansablemente por salvar vidas y exigir al papa que denuncie al mundo la masacre que se realizaba en los campos de concentración. El Cardenal es el típico personaje que representa «las razones de estado» del Vaticano que, en julio de 1933, había firmado un Concordato con el Tercer Reich. ¿Cómo iba a turbar este acuerdo o enfrentarse a Hitler en un momento en que el comunismo era el enemigo común de ambos? Después de la batalla de Stalingrado, esta idea adquiere más solidez y se convierte en una coartada del Vaticano para sus argumentaciones. La derrota de las tropas alemanas en Rusia ya vaticinaba la consolidación de la URSS y no era el momento oportuno para el Vaticano crearle un conflicto a Hitler.

Numerosas fueron las críticas que recibió la obra. Joseph Lichten escribió *A Question of Judgment* (1963) como respuesta a *El Vicario*, defendiendo la conducta de Pío XII. Lichten afirma que cualquier crítica a las acciones del papa durante la Segunda Guerra Mundial es una «sorprendente paradoja» y que «nadie que conozca el historial de las acciones de Pío XII a favor de los judíos puede suscribir las acusaciones de Hochhuth»[52]. Hannah Arendt también comentó la obra (y la reacción pública ante ella) en su ensayo de 1964 *The Deputy: Guilt by Silence?* (El vicario: Culpable por su silencio?).

Otras referencias como el libro citado, *The Myth of Hitler's Pope*, del rabino David G. Dalin, o artículos como *Friend to the Jews: Pius XII's real wartime record* del escritor judío Gary L. Krupp, afirmaron que, por el contrario, el papa Pío XII ayudó a salvar las vidas de 850 000 judíos durante la Segunda Guerra Mundial.

Pinchas E. Lapide, historiador hebreo que había sido cónsul general en Milán y director del servicio de prensa del gobierno israelí, se sintió en el deber de protestar contra las gravísimas y calumniosas acusaciones de Hochhuth —¡Pío XII habría sido un cobarde y un fautor del nazismo!—; para él fue un deber de conciencia y gratitud contradecir las falsedades escritas por Hochhuth. Cuando se desencadenó la polémica a raíz de la publicación de *El Vicario*, Lapide saltó a la palestra con su libro *Roma y los judíos*. Poco antes de su fallecimiento en 1997 y con motivo de la reedición del libro, hizo unas declaraciones junto con su mujer Ruth, historiadora y experta en judaísmo, a la revista alemana PUR-Magazin (mayo 1997).

Lapide destaca allí que «Hochhuth no disponía de nuevas fuentes que no fuesen ya conocidas por otros historiadores. Con su mezcla de verdad y ficción, confundió a la gente y creó prejuicios injustos contra el papa». Los reproches a Pío XII son «una simplificación y en parte calumnias».

También cuando *El Vicario* fue representado en Gran Bretaña, el embajador británico ante la Santa Sede, Sir G. F. Osborne d'Arcy, protestó públicamente contra las afirmaciones de Hochhuth.

No deja de sorprender que, precisamente de un alemán partiera la acusación más inhumana y falsa contra Pío XII. Como siglos antes había hecho su compatriota Lutero, Hochhuth llegó a Roma poco después de la muerte de Pío XII animado de una indignación moral contra el papado. Esta vez no se trataba de cuestiones teológicas, sino de una terrible acusación contra el papa recientemente fallecido: la

---

52 Joseph L. LICHTEN, *Pio XII e gli ebrei* (Bolonia, Edizioni Dehoniane, 1988).

omisión de ayuda a los hebreos perseguidos por los nazis y el silencio de la Iglesia frente al exterminio, el silencio de la autoridades católicas frente a la mayor tragedia de la historia contemporánea.

Al regresar a Alemania, Hochhuth terminó de escribir su drama, que consiguió uno de los mayores éxitos teatrales de la posguerra[53] y marcó la irrupción de una nueva generación de escritores y de una nueva concepción del teatro alemán, que fue llamada «teatro documentario». *El Vicario* terminaba con el diálogo entre Pío XII y el jesuita Ricardo Fontana, que suplicaba la intervención del pontífice en favor de los perseguidos y la condena pública del nazismo. Ante la reticencia del papa, el padre Ricardo se unía a un grupo de hebreos para morir mártir en un campo de concentración.

El drama, representado por primera vez en París en 1963, divulgó entre los intelectuales y el gran público la acusación de un papa silente e indiferente frente a la suerte de los judíos; de un papa que, por miedo al comunismo ateo y revolucionario, se puso de parte de los dictadores de su tiempo. De este modo, Pío XII era llamado por el tribunal de la historia a la mesa de los imputados por los sucesos de la Shoah; esa llamada de «cómplice» amplió, más allá de Alemania, el campo de las responsabilidades por cuanto había ocurrido a los «odiados y despreciados» judíos en la Europa cristiana. La literatura histórica anticatólica luego jugó bien para crear la leyenda de un papa silencioso y amigo de Hitler; literatura que tuvo mucho éxito en el ambiente anglosajón y que hoy está sometida a una seria y meditada crítica histórica.

Tales hechos, además, fueron y son hasta hoy instrumentalizados por el judaísmo más radical e intransigente, interesado en mantener vivo —también por motivos más políticos que ideales— un viejo contencioso con la Iglesia católica por su antijudaísmo, sostenido por muchos católicos hasta el Concilio Vaticano II. Las recientes tomas de posición del mundo judío sobre el proceso de beatifi-

---

53 Esta obra fue traducida a más de veinte idiomas y resultó un éxito internacional, tanto que en 2003 el cineasta Costa-Gavras la adaptó al cine, con otra película no menos polémica titulada «Amén», donde la figura de Pacelli fue retorcida de forma grotesca. La versión del texto en español, publicada por Grijalbo con traducción de Agustín Gil en 1964, tuvo ocho reimpresiones hasta 1977.

cación de Pío XII entran en tal clima de indebida presión respecto a la Santa Sede.

Los hechos a los que acabamos de hacer referencia se encuadran en el contexto histórico internacional de los años sesenta, todavía dominado por la lógica de la Guerra Fría, cuando ya Pío XII había muerto y sobre la sede de Pedro había subido un pontífice, Juan XXIII, que en pocos años, con su cordial amabilidad, se había ganado la simpatía también de muchos no creyentes.

El drama, que suscitó una polémica muy encendida históricamente todavía no calmada, fue prohibido en Roma por intervención de la Iglesia, que invocó un artículo del Concordato de 1929 en el que está previsto un estatuto especial para Roma a propósito de manifestaciones hostiles al papa. La prohibición desencadenó una tempestad por esta decisión, incontestable pero culturalmente antipática. Entre tanto, los historiadores se dividieron furiosamente entre los que sostenían las acusaciones y los defensores de la postura vaticana, que era mucho más compleja de cuanto había simplificado Hochhuth en su drama, que, como he dicho, inauguraba un teatro de provocación y de protesta, comprensible en una Alemania —la federal, donde existía libertad de prensa y de opinión— marcada todavía por el espíritu del canciller Adenauer, que si bien estuvo siempre en primera línea contra el comunismo soviético, se había demostrado un tanto débil hacia los exponentes del régimen nazi.

REACCIÓN INMEDIATA DE
PABLO VI EN DEFENSA DE PÍO XII

Monseñor Giovanni Battista Montini comenzó a trabajar en la Secretaría de Estado en 1922 y fue nombrado por Pío XI substituto de la misma el 16 de diciembre de 1937. De este modo, entró en estrecha relación con el entonces cardenal Eugenio Pacelli, secretario de Estado desde 1930 (cuando substituyó al cardenal Pietro Gasparri). Trabajó al lado de otro gran hombre de Iglesia, como fue monseñor Domenico Tardini (futuro cardenal, que dejaría escrito un testimonio vívido de su experiencia junto a Pío XII).

Ante los cambios de la sociedad internacional, que se hicieron gradualmente más apremiantes en los años de su pontificado, Pío XII acentuó la soledad de su gobierno, haciéndose casi secretario de Estado de sí mismo, en el marco de un fuerte centralismo decisional. Tras la muerte en el verano de 1944 del secretario de Estado, el cardenal Maglione (1877-1944), no quiso cubrir la vacante y llevó él de modo directo la gestión de los asuntos públicos de la Iglesia, con la ayuda de dos prosecretarios de Estado, Mons. Domenico Tardini, de Asuntos Extraordinarios y Mons. Giovanni Battista Montini, el futuro san Pablo VI, sustituto y secretario de Asuntos Ordinarios[54].

---

54 En noviembre de 1952, Tardini fue nombrado prosecretario de Estado para los Asuntos

Tanto Tardini como Montini fueron los dos pilares sobre los que se apoyó la política de la Santa Sede durante el pontificado pacelliano desde 1944.

Mientras Montini-Pablo VI es universalmente conocido, Tardini lo es menos y su notoriedad queda limitada a los estudiosos de la historia de la Iglesia y de la Curia Romana, pero dejó escrito un diario, que merece la pena leerse por muchos motivos, sobre todo porque resulta muy interesante conocer el clima que se respiraba en esos años en el Vaticano.

A través de este diario, descubrimos que de Pío XII, con quien colaboró cuando el cardenal Eugenio Pacelli era secretario de Estado, Tardini tuvo una opinión muy elevada, y es interesante un pasaje en el que observa la transformación inexorable del secretario de Estado en sumo pontífice: «A pocos les toca en vida la suerte de ser acompañados hasta el solio por el santo padre. Y, sin embargo, yo y Montini —no obstante nuestra protesta y gentil rechazo— gozamos de este privilegio durante días semejantes, esto es, hasta el 11 marzo, vigilia de la coronación de Su Santidad. El 13 comenzó a recibir al cardenal secretario de Estado e inició las audiencias en el segundo piso, en la gran biblioteca. Antes de aquel día nos recibía en el primer piso, en el apartamento y estudio del secretario de Estado. Así que para nosotros todo era igual: la sala, la escribanía, la disposición del papel, nuestro interlocutor, sus gestos, su actitud, su palabra. Todavía no se oía el *Nos*: seguía siempre el inalterable *Yo* de antes. Y esta es una de las mayores impresiones. Asistir al lento distanciamiento de un hombre de lo que hasta ese momento era. Los primeros días de un papa son los más interesantes. Se diría que aún no ha tomado conciencia de la altísima dignidad que reviste. Está confuso, humilde, dócil, indulgente… Después, con el tiempo, el papa se convierte también en el trato exterior en … papa»[55].

Eclesiásticos Extraordinarios, a la vez que Montini se convirtió en prosecretario de Estado para Asuntos Eclesiásticos Ordinarios y lo fue hasta 1954, cuando fue nombrado arzobispo de Milán. Tardini continuó en su cargo hasta la muerte de Pío XII, y su sucesor san Juan XXIII lo nombró secretario de Estado y lo creó cardenal.

55 Domenico TARDINI, *Diario di un cardinale (1936-1944). La Chiesa negli anni delle ideologie nazifascista e comunista*, editado por Sergio Pagano (Milán 2020). Mons.

Pero volvamos a Montini, que desempeñó un importante papel durante los años trágicos de la Segunda Guerra Mundial porque Pío XII le encargó ocuparse personalmente de la ayuda a los persegui-dos, especialmente a los judíos romanos. En esta tarea fue ayudado por sor Pasqualina Lehnert, la fiel gobernanta del papa, que contri-buyó con su disciplina y sentido del orden germánicos a organizar el socorro pontificio a los refugiados. Monseñor Montini distribuyó ingentes cantidades de dinero de la caja personal del papa, de la cual atestigua que llegó a quedar completamente vacía.

Gracias a esta acción humanitaria, pudieron ser salvados de la deportación más de 4000 judíos que hallaron asilo en el Vaticano, la villa papal de Castel Gandolfo, monasterios, conventos y residen-cias propiedad de la Iglesia. Cuando el 19 de julio de 1943 fue bom-bardeado el barrio popular romano de San Lorenzo, Pío XII salió inmediatamente del Vaticano en su coche para llevar consuelo a las víctimas. Iba acompañado de monseñor Montini, que también asis-tiría como testigo privilegiado a la visita a los barrios Tuscolano y Prenestino cuando, a su vez, fueron bombardeados el 13 de agosto del mismo año. La blanca sotana papal manchada de la sangre de los infortunados quedaría para siempre impresa en la memoria del substituto.

Pasaron los años y en 1954 fue nombrado arzobispo de Milán. Creado cardenal en 1958 por el nuevo papa Juan XXIII, se dispo-nía a entrar en el cónclave tras la muerte del mismo en 1963 cuando estalló el escándalo de *El Vicario*, e inmediatamente envió una carta al director de *The Tablet* de Londres, que sería publicada siendo ya romano pontífice, en la que defendió a Pío XII de las injustas acusa-ciones de Hochhuth. Decía la carta:

«Me parece un deber contribuir al claro y honesto juicio de la reali-dad histórica, tan deformada por la seudorrealidad, propia del drama,

---

Sergio Pagano lo ha definido como «*il primo frutto della nuova apertura dell'Archivio Apostolico Vaticano voluta da Papa Francesco*». Se completa esta obra con otra del mismo Domenico TARDINI, *Pio XI visto da vicino. Con un diario inedito del 1954*. Editado por C.F. Casula (Libreria Editrice Vaticana 2021).

haciendo notar que la figura de Pío XII que aparece en las escenas del Stellvertreter no muestra exactamente, es más, traiciona su verdadero aspecto moral. Puedo decir esto porque he tenido la suerte de estar cerca de él y de servirle cada día durante su pontificado, comenzando desde 1937, cuando él era todavía secretario de Estado, hasta 1954, por lo tanto, durante todo el periodo de la guerra mundial.

La figura de Pío XII dada por Hochhuth es falsa. No es verdad que él fuera miedoso... Bajo un aspecto débil y gentil, bajo un lenguaje siempre elegante y moderado, escondía un temple noble y viril, capaz de asumir posiciones de gran fortaleza y riesgo. No es verdad que él fuera insensible o aislado. Era, por el contrario, de ánimo fino y sensible...

Tampoco responde a la verdad sostener que Pío XII se guiara por cálculos oportunistas de política temporal. Como sería una calumnia atribuir a su pontificado cualquier móvil de utilidad económica. Que Pío XII no haya asumido una posición de conflicto violento contra Hitler, para evitar a millones de judíos la matanza nazi, no es difícil de comprender a quien no cometa el error de Hochhuth de juzgar la posibilidad de una acción eficaz y responsable durante aquel tremendo periodo de guerra y de prepotencia nazi, del mismo modo que se hubiera hecho en circunstancias normales, o en las gratuitas e hipotéticas condiciones inventadas por la fantasía de un joven comediógrafo.

Si, como hipótesis, Pío XII hubiera hecho lo que Hochhuth le echa en cara, habría habido tales represalias y tal ruina que, terminada la guerra, el mismo Hochhuth podría haber escrito otro drama, mucho más realista e interesante que el Stellvertreter, puesto que por exhibicionismo político o por falta de clarividencia psicológica, habría tenido la culpa de haber desencadenado sobre el mundo, ya tan atormentado, una ruina y un daño más vastos, no tanto propio sino de innumerables víctimas inocentes. No se juega con estos temas y con los personajes históricos que conocemos con la fantasía creadora de artistas de teatro, no bastante dotados de discernimiento histórico y, Dios no lo quiera, de honestidad humana. Porque de otra manera, en el caso presente, el drama verdadero sería otro: el de aquel que intenta descargar sobre un papa los horribles crímenes del nazismo alemán»[56].

---

56 G. B. MONTINI, «Pio XII e gli ebrei», carta del cardenal Montini al Tablet, La Civiltà Cattolica, cuaderno 2714, 20 de julio de 1963.

El papa Montini no ahorró oportunidades para demostrar públicamente su aprecio a su venerable predecesor. En 1965 mandó incoar el proceso de su beatificación, que concluyó con su canonización el 14 de octubre de 2018. El 7 de marzo de 1976, celebró el centenario del nacimiento de Pío XII, pronunciando una bella homilía que, después de ocuparse de su vida, culminó con estas emocionadas frases:

«Tiembla Nuestra voz, palpita Nuestro corazón, dirigiendo a la venerada y paterna memoria de Eugenio Pacelli, el papa Pío XII, el afectuoso encomio de un hijo humilde, el devoto homenaje de un pobre sucesor. Recordad vosotros, romanos, a este vuestro insigne y elegido pontífice: recuérdelo la Iglesia, recuérdelo el mundo, recuérdelo la Historia. Muy digno es él de nuestra piadosa, agradecida y admirada evocación»[57].

---

57   *Acta Apostolicae Sedis* 68 (1976) 216-219.

LAS ACTES ET DOCUMENTS DU SAINT SIÈGE RÉLATIFS À LA SECONDE GUERRE MONDIALE (ADSS)

Pablo VI quiso atajar la ola de infundios que se precipitó sobre la memoria de Pío XII, para lo cual mandó abrir los archivos secretos vaticanos y encargó a un equipo de cuatro jesuitas la compilación y publicación de los documentos concernientes a la acción de la Santa Sede durante los años bélicos del pontificado piano.

El resultado fue la monumental obra en 11 volúmenes (12 tomos) que lleva por título *Actes et documents du Saint Siège rélatifs à la Seconde Guerre Mondiale (ADss)*, una ingente labor que se llevó a cabo entre 1965 y 1981 y que constituye un fundamentado mentís a las acusaciones contra Pío XII.

El trabajo fue tremendo, porque se trató no solo de recoger y publicar los documentos, sino de interpretarlos y de «hacerles hablar». De este modo, cada uno de los once volúmenes de los ADss (el tercero tiene dos tomos) fue presentado con una larga introducción, en la que los documentos reproducidos en el volumen fueron colocados en su contexto. El resultado de esta imponente obra fue una historia dramática de la Segunda Guerra Mundial, que corre siempre al hilo de la esperanza de conseguir el triunfo de la paz y de evitar tragedias siempre más graves.

En esta colección no se ocultó de manera deliberada ningún documento significativo porque habría dañado la imagen del papa y la reputación de la Santa Sede. Pío XII y sus colaboradores aparecen entregados a un esfuerzo durísimo y continuo; primero para evitar que la guerra estallase y para que el conflicto no se internacionalizase; luego, para limitar las matanzas y las destrucciones y, por último, para aliviar las condiciones de los pueblos al final de la guerra.

Esta obra fue una excepción al período de setenta y cinco años impuesto *de facto* por el Vaticano para la apertura de sus archivos.

La mayoría de los documentos están en italiano y ninguno fue traducido. Las introducciones y breves descripciones están escritas en francés. Solo se tradujo un volumen al inglés.

Cinco volúmenes tratan de la Segunda Guerra Mundial en orden cronológico. Cuatro tratan de las actividades humanitarias de la Santa Sede durante la guerra, también en orden cronológico. El penúltimo publica la correspondencia de Pío XII con los obispos alemanes, durante y después de la guerra. Finalmente, el último volumen cubre Polonia y lo países bálticos.

Considerando la masa inicial de documentos, esta colección está lejos de ser completa, aunque sus autores la describen como un extracto representativo. Pero ha sido casi ignorada por cuantos escriben sobre Pío XII. Es más, algunos lanzan la sospecha de que ciertos documentos más comprometedores no fueron hechos públicos y, por ello, pidieron que los archivos vaticanos fueran abiertos a todos.

A Blet, la actitud de desconfianza por el trabajo realizado le pareció exagerada e injusta, porque si no se creía en la honestidad de la publicación, podría dudarse también del encargado del archivo, que podría haber destruido cualquier documento. Para escribir estos doce volúmenes, los cuatro jesuitas trabajaron intensamente, siguiendo los mismos criterios utilizados para la publicación de los volúmenes relativos a los años cuarenta del *Foreign Relations of the United States*. Es decir, no podían publicar documentos que afectaban a personas que todavía vivían o que, una vez revelados, podrían obstaculizar negociaciones en vigor.

Además, era necesario considerar que, tratándose de un archivo que todavía no estaba abierto al público, no existían índices sistemáticos orientados a la investigación. Los documentos no estaban clasificados, ni por orden cronológico ni geográfico. Los expedientes de carácter político, relativos a la guerra, se encontraban junto con informes de carácter religioso, canónico o personal, encerrados en cajas bastante fáciles de manejar pero con frecuencia de contenido sumamente dispar.

Esta colección y las investigaciones de los jesuitas Blet y Graham han sido fundamentales para restablecer la verdad, no solo por motivos históricos, sino también religiosos y apostólicos, pues, aunque ciertamente ha prevalecido la investigación histórica, se ha tratado —y esta era la intención fundamental— de defender la memoria de Pío XII de calumnias y acusaciones injustas; de documentar la persecución nazi contra la Iglesia y de resaltar justamente la actividad del episcopado católico, alemán y polaco, sobre todo, en defensa de la fe y de la moral cristiana, y en particular, de aclarar la cuestión del «silencio» de Pío XII sobre las atrocidades nazis contra los hebreos. Un «silencio» que no fue absoluto, si bien el papa, para no dañar más todavía a las víctimas del nazismo, no habló como hubiesen querido los Aliados, los cuales pretendían servirse de la condena del papa para la propaganda contra Alemania; un «silencio» que, por otra parte, se explica con el hecho de que en el Vaticano no se supo, a tiempo y con certeza, prácticamente nada de los horrores de los campos de concentración nazis.

Hubo hostilidad por parte alemana a la noticia de la elección de Pío XII: el gobierno alemán fue el único que no envió una delegación oficial con motivo de la coronación del nuevo papa el 12 de marzo de 1939[58].

En dicha documentación no se encuentra ningún rastro de la pretendida parcialidad filogermánica que Eugenio Pacelli habría asimilado durante el periodo transcurrido en la nunciatura de Alemania.

---

58 De la misión española formaron parte once personas y fue la más numerosa después de la de Italia («Liste des Missions extraordinaires députées à l'occasion du couronnement de Sa Sainteté Pie XII. [12-3-1939]», en Archivio Apostolico Vaticano, (Arch. Nunz. Madrid 984, ff. 91-113).

Pero la acusación que vuelve una y otra vez es la que permaneció en silencio ante las persecuciones raciales contra los judíos, de modo que dejó correr la barbarie nazi. Los documentos muestran los tenaces y continuos esfuerzos del papa para oponerse a las deportaciones, sobre cuyo destino la sospecha crecía cada vez más. El aparente silencio escondía una acción secreta a través de las nunciaturas y los episcopados para evitar —o por lo menos limitar—las deportaciones, las violencias y las persecuciones.

Las razones de tal discreción están explicadas claramente por el mismo papa en diversos discursos, en las cartas al episcopado alemán o en las deliberaciones de la Secretaría de Estado: las declaraciones públicas no hubieran servido de nada, solo habrían agravado la suerte de las víctimas y multiplicado el número.

Con el intento de ofuscar tales evidencias, los detractores de Pío XII dieron a entender que los editores habían dejado fuera documentos incómodos para la memoria de Pío XII y para la Santa Sede. Pero decir de modo categórico que la publicación no es completa es hacer una afirmación que no se puede probar: haría falta comparar la publicación con los fondos de los archivos y mostrar los documentos que faltan.

Algunos han pretendido ofrecer la prueba, alegando que no figura la correspondencia entre Pío XII y Hitler. Pero la carta con la que el papa notificó su propia elección al jefe de Estado del Reich está publicada en el segundo volumen. Por lo demás, no se publicó la correspondencia entre Pío XII y Hitler porque existía solo en la fantasía de quien afirmaba su existencia. Si esa correspondencia hubiera existido, las cartas del papa se habrían conservado en los archivos alemanes, se encontraría mención en las instrucciones a los embajadores Bergen y después Weizäcker, en los despachos de los diplomáticos. Pero no existe rastro de todo ello.

Estas observaciones valen también para los otros documentos reales. Con mucha frecuencia, los documentos del Vaticano están certificados por otros archivos, por ejemplo las notas intercambiadas con los embajadores. Se puede pensar que muchos telegramas del Vaticano hayan sido interceptados y descifrados por los servicios de información de las potencias beligerantes y que se encontrarían copias en los archivos. Por tanto, si los jesuitas hubieran intentado esconder algún documento, habría sido posible conocer su existencia y tener entonces un fundamento para poner en duda la seriedad del trabajo.

En las investigaciones vaticanas no se encontró mención de la supuesta llegada al Vaticano de las cajas del oro robado a los hebreos. Toca, evidentemente, a quien sostiene tal afirmación aportar las pruebas documentales. Sí está documentada, por el contrario, la solícita intervención de Pío XII cuando las comunidades judías de Roma fueron objeto de un chantaje por parte de las SS, que les pidieron 50 kilos de oro. El gran rabino se dirigió al papa para pedirle los 15 kilos que faltaban, y el papa dio órdenes para que se hiciera lo necesario.

La otra noticia, la referida a la ayuda a las fugas de los criminales nazis, no es una novedad. No se puede excluir la ingenuidad de algún eclesiástico romano. Son conocidas las simpatías hacia el Gran Reich del obispo Hudal, rector de la iglesia nacional alemana, pero de aquí a imaginar que el Vaticano organizase fugas de nazis hacia América Latina sería, de todas formas, atribuir a los eclesiásticos romanos una caridad heroica. En Roma eran conocidos los planes nazis sobre la Iglesia y la Santa Sede. Pío XII hizo referencia a ellos el 2 de junio de 1945, recordando cómo la persecución del régimen contra la Iglesia se había agravado con la guerra. Y si el obispo Hudal hubiera ayudado a huir a algún pez gordo nazi, desde luego no habría ido a pedir permiso al papa.

Los textos publicados en el quinto volumen desmienten también de modo tajante la idea de que la Santa Sede habría sostenido al III Reich por temor a la Rusia soviética. El Vaticano apoyó a Roosevelt cuando este pidió ayuda para que los católicos norteamericanos aceptaran el proyecto de extender a Rusia —en guerra contra el Reich— una ayuda similar a la ya concedida a Gran Bretaña.

Los despachos del ministro inglés Osborne hacen revivir, mejor que las notas del secretario de Estado vaticano, la situación de la

Santa Sede, rodeada en la Roma fascista y después caída bajo el control del ejército y de la policía nazis[59].

Sin embargo, hay que decir, sin restarle el mérito extraordinario que merece esta ingente obra que, analizada hoy, sesenta años después, son evidentes muchas lagunas y limitaciones. La primera de ellas se refiere a que los cuatro jesuitas trabajaron solamente en el Archivo de Asuntos Extraordinarios —el actual Archivo Histórico de la Segunda Sección de la Secretaría de Estado— y no consultaron el entonces llamado Archivo Secreto Vaticano, donde se conservan los archivos de las nunciaturas apostólicas, entre ellos el de la nunciatura de Italia, que es fundamental para el período en cuestión[60].

Al tratarse de una especie de libro blanco, publicado por vez primera por la Santa Sede para reivindicar la memoria de Pío XII, fueron dados a conocer solamente los documentos oficiales más importantes a juicio de los editores —escogidos de entre más de 800 000— y que no siempre reprodujeron el texto completo, porque algunos están incompletos.

Ciertamente no publicaron los apuntes, notas y observaciones autógrafas, sobre todo las más sabrosas e irónicas de monseñor Tardini[61], que son fundamentales para entender la amplia visión de futuro que los máximos responsables tenían de los asuntos más delicados y, sobre todo, la *mens* del papa, que solía leerlos todos personalmente —aunque a veces se limitaba a escuchar la lectura o el resumen que le hacía Maglione y Tardini— e indicaba cuál era su opinión al respecto. Solamente aparecen en algún documento las notas del secretario de Estado[62].

---

59 O. CHADWICK, *Britain and the Vatican during the Second World War* (Cambridge 1986).

60 *L'Archivio della Nunziatura Apostolica in Italia, II. (1939-1953). Inventario,* tomi 2, editado por Giovanni Castaldo (Collectanea Archivi Vaticani 112) (Città del Vaticano 2020).

61 Tardini tenía la costumbre de anotar brevemente en el despacho original recibido de un nuncio, después de haberlo leído ante el papa o el cardenal secretario de Estado, la respuesta que debía darse o lo que debía hacerse al respecto.

62 Estas observaciones fueron hechas públicamente por el prefecto de Archivo Apostólico Vaticano, Mons. Pagano, y por el doctor Ickx en el Seminario sobre «Iglesia y católicos en tiempos de Pío XII. Un estado de la cuestión», organizado por

Gracias a esta obra, pudo comenzar ya en aquellos años la investigación histórica sobre el pontificado de Pío XII, que prosiguió en los años sucesivos. Sin embargo, no fueron en absoluto suficientes para responder de forma históricamente objetiva a la pregunta: «¿Por qué Pío XII calló frente al exterminio de los hebreos programado por los nazis?». Y, por ello, antes de seguir adelante, era necesario responder al menos a 47 preguntas formuladas por los historiadores judíos y sugeridas por los mismos ADss, si bien para esto era necesario abrir los archivos vaticanos y eclesiásticos hasta entonces cerrados a los estudiosos.

Porque «un análisis de esos volúmenes de ADss no aclara suficientemente cuestiones significativas sobre el papel del Vaticano durante el Holocausto. Ningún historiador serio aceptaría que los volúmenes editados y publicados pudieran dar por terminado el tema. Esto no se debe ni a la complejidad, ni a la dificultad de las cuestiones en sí mismas, ni a la calidad editorial de los volúmenes de documentos. Más bien refleja el hecho de que muchos de los documentos admiten diferentes interpretaciones. La interpretación es ineludible en el trabajo de los historiadores, y es particularmente relevante y sensible en este caso, porque la Comisión Histórica está manejando lo que los mismos editores de los documentos reconocen que es solo una parte de la evidencia disponible. Uno de nuestros objetivos es entender las acciones de Pío XII y del Vaticano durante la Segunda Guerra Mundial, cómo tomaron las decisiones sobre las políticas que adoptaron y por qué. Pero la capacidad de lograrlo está limitada por el hecho de que nuestra Comisión, y los investigadores en general, solo tienen a su disposición una selección de los documentos vaticanos. Una de las inevitables consecuencias de esta limitación es que algunos comentaristas confiaron más de lo conveniente en la especulación, y algunos sucumbieron al sensacionalismo.

Los propios documentos publicados suscitan a menudo preguntas a las que no dan respuestas. La mera presencia de un documento,

la Universidad Carlos III de Madrid y celebrado en el Instituto Español de Historia Eclesiástica-Iglesia Nacional Española en Roma, los días 25-27 de mayo de 2022.

después de todo, no dice nada sobre la forma en que fue recibido, la atención otorgada a su recepción o el modo en que fue considerado o tratado en los diversos ámbitos de la diplomacia vaticana. Además, los editores de ADSS concibieron su proyecto bajo una luz determinada, como lo hacen todos los investigadores, y de este modo no solo nos enfrentamos a la tarea de analizar los contenidos de los volúmenes, sino también de examinar el propósito y el enfoque de los editores.

Muchos interrogantes pueden ser contestados leyendo las largas introducciones que acompañan a cada volumen, un sumario realizado por el padre Blet, pero otras preguntas permanecen sin respuesta».

Esta fue, en sustancia, la conclusión del *Preliminary report* presentado ante la Comisión para las Relaciones Religiosas con el Judaísmo de la Santa Sede y el Comité Judío Internacional para Consultas Interreligiosas, en octubre de 2000; una comisión mixta vaticano-hebraica que en octubre de 1999 comenzó a estudiar a fondo el problema[63].

---

63 La Comisión Histórica Internacional Católico-Judía (Comisión Histórica) estaba integrada por un grupo de tres investigadores católicos y tres investigadores judíos, designados, respectivamente, por la Comisión para las Relaciones Religiosas con el Judaísmo de la Santa Sede (Comisión de la Santa Sede) y el Comité Judío Internacional para Consultas Interreligiosas (IJCIC), ante quienes presentamos este informe preliminar. Los seis estudiosos elegidos para trabajar en la Comisión Histórica son: la Dra. Eva Fleischner, profesora emérita de Montclair State University de Nueva Jersey; el padre Gerald P. Fogarty, S.J., profesor de la cátedra William R. Kenan, Jr. de Estudios Religiosos e Historia, Universidad de Virginia; el Dr. Michael R. Marrus, profesor de la cátedra Chancellor Rose and Ray Wolfe de Estudios sobre el Holocausto y decano de la School of Graduate Studies, Universidad de Toronto; el reverendo John F. Morley, profesor asociado del Departamento de Estudios Religiosos, Seton Hall University; el Dr. Bernard Suchecky, investigador del Departamento de Ciencias Sociales, Universidad Libre de Bruselas; el Dr. Robert S. Wistrich, profesor de Historia y titular de la cátedra Neuberger de Estudios Judíos Modernos de la Universidad Hebrea de Jerusalén. Los estudiosos trabajaron sin remuneración. Los coordinadores del proyecto fueron: el Dr. Eugene Fisher, del Comité Episcopal de Asuntos Ecuménicos e Interreligiosos de la Conferencia Nacional de Obispos Católicos (USA), en representación de la Comisión para las Relaciones Religiosas con el Judaísmo de la Santa Sede; Seymour D. Reich, presidente del Comité Judío Internacional para Consultas Interreligiosas (IJCIC), y el Dr. Leon A. Feldman, profesor emérito de Estudios Hebraicos, Rutgers University, y secretario del IJCIC. Ariella Lang, candidata al doctorado en Italiano

«Nuestra declaración —se lee en el informe— en ese primer encuentro en Nueva York, el 7 de diciembre de 1999, expresa nuestro objetivo común: como estudiosos judíos y católicos, somos conscientes de nuestra responsabilidad conjunta y la seriedad de la tarea que hemos emprendido. Esperamos que nuestros esfuerzos contribuyan a la búsqueda de la verdad, el entendimiento histórico y las mejores relaciones entre la comunidad judía y la comunidad católica. Reconocemos que el papel desempeñado por el Vaticano durante el Holocausto ha sido un tema difícil y doloroso, cuya discusión no siempre se desarrolló en un clima de entendimiento histórico y debate desapasionado. Creemos que la búsqueda de la verdad, dondequiera que se encuentre, puede ser mejor promovida en un ambiente donde se tenga pleno acceso a la documentación de archivo y otras evidencias históricas. A la larga, la franqueza es la mejor política para una evaluación histórica madura y equilibrada. Manteniendo siempre como objetivo predominante el pleno acceso y la franqueza, emprendemos un análisis crítico de los once volúmenes del material de archivo del Vaticano, publicado entre 1965 y 1981, referido al papel de la Santa Sede durante el Holocausto. Esperamos plantear preguntas tanto con respecto a los temas generales arriba mencionados como al material no contenido en esos volúmenes».

Con posterioridad a la redacción de este informe, el Archivo Secreto Vaticano hizo pública una nota, reproducida en *L'Osservatore Romano* el día 16 de febrero de 2002, firmada por el P. Sergio Pagano, prefecto del Archivo, y el P. Marcel Chappin, S.J., responsable del Archivo histórico de la Secretaría de Estado, titulada: *Nuove prospettive per l'apertura degli Archivi Vaticani a riguardo del Pontificato di*

de la Universidad de Columbia actuó como asistente investigadora de la Comisión Histórica y colaboró en la redacción de este informe. Son miembros del IJCIC: el Comité Judío Norteamericano, la Liga Anti-Difamación, B'nai B'rith Internacional, el Congreso Judío Mundial, el Consejo Judío de Israel para las Relaciones Interreligiosas y representantes de las tres ramas principales del judaísmo: Unión Ortodoxa y Consejo Rabínico de Norteamérica (ortodoxos); la Asamblea Rabínica y la Sinagoga Unida del Judaísmo Conservador (conservadores), y la Conferencia Central de Rabinos Norteamericanos y la Unión de Congregaciones Hebreas Norteamericanas (reformistas). Mons. Walter BRANDMÜLLER, presidente del Pontificio Comité de Ciencias Históricas publicó unos «Appunti sulla Commissione cattolico-ebraica su Pio XII», *en Anuario de Historia de la Iglesia* 11 (2002) 357-367.

Pío XI, a la cual remito para información complementaria sobre este intrincado asunto.

Muy pronto aparecieron las críticas y reservas por parte judía sobre esta Comisión manifestadas por los mismos miembros de la misma[64] y por otros estudiosos que criticaron la lentitud del Vaticano y el retraso en la catalogación de los archivos[65].

El resultado más importante y quizá proficuo que se pudo sacar, bajo todos los aspectos del deplorable desastre de la comisión debía haber sido el reconocimiento del papel de Pío XII en conexión con la Shoah. Pero esto no se pudo conseguir con una comisión de solo seis miembros.

---

64 El prof. Wistrich lo dijo en una intervista al *Jerusalem Report*, e hizo la siguiente acusación injuriosa: «Yo he sido siempre muy escéptico sobre las buenas intenciones de la Iglesia católica sobre esta comisión, porque me ha parecido que esta comisión no fuera otra cosa que una farsa» (SHALOM- Revista mensual hebrea de información y cultura, diciembre 1999).

65 Sobre las dificultades y problemas técnicos que se debieron superar para abrir los archivos sobre algunos pontificados menos «discutibles» que los de Pío XI y Pío XII, recomiendo el artículo de M. MACCARRONE , *L'apertura degli archivi della Santa Sede per i pontificati di Pio X e di Benedetto XV (1903-1922)*, en «Rivista di Storia della Chiesa in Italia» 39 (1985) 341-348. Se observa cuánto carece de fundamento la crítica del prof. Marrus: «Me sorprende que en cincuenta años no hayan ordenado los papeles» (Shalom, diciembre 1999). En la misma dirección fue el artículo del *Süddeutsche Zeitung* del 28 julio de 2001: «Los vencidos del Vaticano. Los archivos permanecen cerrados y a la comisión de historiadores se les impiden las investigaciones sobre Pío XII». El erudito autor de este artículo, el Prof. Wolfang Schieder demostró en él una notable ignorancia sobre las personas y los hechos, y el tono malicioso del artículo habla por sí solo. Mons. Pagano declaró en diversas ocasiones que fueron muchas las presiones recibidas de ambientes judíos, incluso mediante el ofrecimiento de ingentes cantidades de dinero —que fueron siempre rechazadas— a las que la Santa Sede se opuso firmemente para no permitir a unos lo que se negaba a otros, ya que la ingente documentación estaba en fase de lenta y minuciosa catalogación, y todavía no era posible ofrecerla a los investigadores. Esta situación ha sido en gran parte superada a partir del 2 de marzo de 2020.

LOS JESUITAS BLET, MARTINI, GRAHAM Y SCHNEIDER, EDITORES DE LAS ADSS

El primer jesuita escogido por la Santa Sede en 1964 para examinar y publicar los documentos vaticanos relativos a la Segunda Guerra Mundial fue el francés Pierre Blet (1918-2019) que, después de haber hecho los estudios teológicos, comenzó los de historia en la Sorbona, concluidos en 1958 con el doctorado. Inmediatamente le fue encomendada la cátedra de historia de la iglesia moderna en la Pontificia Universidad Gregoriana. En 1985 fue elegido socio correspondiente del Institut de France. También fue miembro del Pontificio Comité de Ciencias Históricas.

El P. Blet trabajó desde el principio hasta el final en el proyecto de Pablo VI, simultaneando esta actividad con sus clases en la Pontificia Universidad Gregoriana y en la Pontificia Academia Eclesiástica. En esta última, entre 1969 y 1984, enseñó Historia de la Diplomacia de la Santa Sede. Sus lecciones se convirtieron en un libro que es hoy un clásico de obligada consulta: *Histoire de la Représentation Diplomatique du Saint Siège des origines à l'aube du XIXe siècle,* publicada por el Archivo Secreto Vaticano en 1982, con prefacio del cardenal Agostino Casaroli, secretario de Estado.

El 28 de enero de 1976 recibió la Legión de Honor de la República Francesa. El 11 de marzo de 1985 fue elegido miembro correspondiente de la Academia de Ciencias Morales y Políticas del Instituto de Francia en la Sección de Historia y Geografía, ocupando el sitial del fallecido André Latreille. Cuando la corriente antipacelliana volvió a manifestarse con fuerza (debido al progreso de la causa de beatificación de Pío XII) a finales de los noventa del siglo pasado, a raíz de la publicación de un libro difamatorio y tendencioso del británico John Cornwell con un título sensacionalista e injurioso[66], el P. Blet, único superviviente de los cuatro jesuitas responsables de la edición de las ADss, fue objeto de entrevistas y artículos, en los que apareció siempre su firme convicción no solo de la inocencia de Pío XII, sino de su extraordinaria labor caritativa para con los judíos perseguidos.

Su autoridad en la materia quedó corroborada por las palabras de Juan Pablo II, quien, en 1998, durante uno de sus viajes apostólicos, a las preguntas insistentes de los periodistas sobre la cues-

---

66 John CORNWELL, *El Papa de Hitler. La verdadera historia de Pío XII* (Barcelona, Planeta, 2000). El título provocativo de esta obra y su contenido ha sido considerado una injusta exageración por David I. KERTZER, *The Pope at War*, edición italiana *Un Papa in guerra. La storia segreta di Mussolini, Hitler e Pio XII* (Roma 2022); este autor defiende que Pacelli no solo no era filonazi sino que, por el contrario, detestaba el aspecto anticristiano y casi demoníaco de aquella siniestra ideología. La portada del libro de Cornwell representa al arzobispo Pacelli saliendo de un edificio del gobierno alemán, escoltado por dos soldados. Esta visita oficial, del entonces nuncio, tuvo lugar antes de 1929, es decir, cuatro años antes de que Hitler llegara al poder (30 de enero de 1933). Como Pacelli salió de Alemania en 1929 y nunca regresó, el uso de esta fotografía es engañoso y tendencioso. Repetidas veces se publicaron protestas contra esta foto que se utilizó de manera sucia. Una portada así en un libro revela ya en un primer momento la intención de denigrar al futuro Pío XII. Al inicio del libro se publica una lista de archivos que Cornwell dice haber consultado. Esta lista es demasiado breve para un libro que pretende ser de carácter histórico. Se trata de archivos alemanes, italianos, estadounidenses, de las Actas de los Procesos de Nuremberg, etc. La mayoría de las fuentes que cita Cornwell son secundarias y sus opciones han sido sumamente selectivas. Cornwell profundiza en la situación de la Iglesia católica en Alemania, pero nunca menciona la obra maestra del doctor Heinz Hirten, un libro sumamente documentado y serio, que enfoca la situación de los católicos alemanes entre 1918-1945. Además, otras obras conocidas y reconocidas sobre este tema son ignoradas por el autor. En el libro, se encuentran muchas veces estas entradas: «citado por …» Esto quiere decir que las fuentes originales no han sido consultadas y que en gran parte se han consultado fuentes secundarias. No nos encontramos, por tanto, ante una investigación científica. Si se toma en cuenta todo esto, uno se siente obligado a decir que el libro de Cornwell busca hacer un linchamiento moral y un auténtico asesinato de carácter. Su Pío XII no es «el papa de Hitler»; es un Pío XII ficticio, una fea caricatura de un hombre noble y santo.

tión respondió con un elocuente: «Leed a Blet». De hecho, se había publicado el año anterior un resumen que el jesuita hizo de los doce tomos de la ADss bajo el título *Pie XII et la Seconde Guerre Mondiale d'après les Archives du Vatican,* que se tradujo a varias lenguas.

El segundo jesuita, Angelo Martini, era colaborador científico de la revista *La Civiltà Cattolica* y también archivero de la Secretaría de Estado. Estaba considerado como experto en historia contemporánea. También fue miembro del Pontificio Comité de Ciencias Históricas. Falleció en 1982.

El tercer jesuita fue el alemán Burkhard Schneider, igualmente profesor de la Facultad de Historia Eclesiástica de la Gregoriana, director de la revista *Archivum Historiae Pontificiae* y autor de numerosas publicaciones sobre la historia de la Iglesia contemporánea. Falleció en 1976 tras haber completado la edición en alemán de la cartas de Pío XII a los obispos alemanes de 1939 a 1944 y haber colaborado en tres ulteriores volúmenes.

Los padres Schneider y Martini murieron en plena labor sin llegar a ver la culminación de sus esfuerzos.

Por último fue nombrado el americano Robert A. Graham (1912-1997), que representó durante muchos años a la Santa Sede en la Comisión Internacional sobre la historia de la Segunda Guerra Mundial y publicó obras importantes, entre ellas, *Diplomacia del Vaticano: un estudio de la Iglesia y el Estado en el plano internacional* (1959). Este tratado sobre la diplomacia eclesiástica pontificia publicado por Princeton University Press perduraría hasta convertirse en un clásico de la disciplina, calificando así a Graham como uno de los expertos de la Iglesia en el tema de la diplomacia de la Santa Sede. Este tratado clásico sigue siendo utilizado por eruditos de lengua inglesa que se especializan en el campo de la diplomacia eclesiástica pontificia y la historia diplomática incluso hoy. Tras la publicación de su libro, Graham viajó por el mundo entrevistando a testigos sobre la respuesta diplomática del Vaticano al nazismo durante la Segunda Guerra Mundial en un momento en que los archivos del Vaticano permanecían cerrados.

Graham se unió a los tres jesuitas anteriores en 1966, a partir del tercer volumen. En 1968 publicó el libro *El papa y Polonia en la*

Segunda Guerra Mundial, un resumen del Volumen III de los ADss y dio a conocer a menudo los resultados de sus investigaciones en *La Civiltà Cattolica,* la revista dirigida por los jesuitas en Italia. En 1996 publicó traducciones al inglés de algunos de estos artículos en su libro, *El Vaticano y el comunismo durante la guerra mundial: lo que realmente sucedió* (1996).

Graham criticó lo que llamó «enturbiamiento irresponsable de los manantiales de la historia» por algunos escritores sobre el Vaticano durante la Segunda Guerra Mundial. Sintió que si Pío XII se hubiera pronunciado más enérgicamente contra la persecución nazi, «Hitler se habría lanzado a la venganza, no solo contra los judíos, sino también contra los obispos alemanes». Graham consideró vital la refutación de las acusaciones contra Pío XII. «Si bien sus detractores ya no pueden herirlo, sus calumnias e insinuaciones continúan plagando a la Iglesia, porque cuando un papa es difamado, la Iglesia sufre».

Graham permaneció en Roma hasta que la enfermedad lo golpeó en 1996, cuando regresó a su California natal. Murió en 1997, a los 84 años, dejando tras de sí una gran cantidad de trabajos publicados e inéditos.

LA LEYENDA NEGRA SOBRE
LA ACTITUD DE PÍO XII[67]

Cuando se critica el silencio de Pío XII ante el genocidio hebreo no hay que olvidar que en la opinión pública americana e inglesa y, en parte, también, en la hebrea, existía en aquellos años silencio y perplejidad —e incluso incredulidad— ante las noticias que llegaban de Alemania. Era muy difícil en aquellas circunstancias percibir la globalidad de la Shoah. ¿Por qué el papa tenía que saber lo que no sabían otros gobiernos mejor informados, aunque existían ya entonces relaciones oficiales y oficiosas que hablaban de la amplitud e inhumanidad de la Shoah?

Puede ser también que influyeran en la cautelosa actitud de Pío XII tanto el antisemitismo persistente en el mundo católico como el miedo a que una abierta intervención suya de condena provo-

---

67 Sobre la actitud de Pío XII son fundamentales los libros de P. E. LAPIDE, *Rom und die Juden* (Afl.Ulm./D, Gerhard Hess, 1997) y de los jesuitas R. GRAHAM y P. BLET. En *Il Vaticano e il nazismo* (Roma 1975), el primero de ellos recogió gran parte de los cincuenta artículos publicados en «La Civiltà Cattolica», cuyo valor ha sido reconocido universalmente como uno de mejores expertos de los asuntos más secretos y —a los ojos de los profanos— más «extraños» de la Segunda Guerra Mundial. Uno de los más significativos es *La Santa Sede e la difesa degli ebrei durante la Seconda Guerra Mondiale*: Ibid. 1990, II, 209-226. De BLET son esenciales: *Pie XII et la seconde guerre mondiale d'après les archives du Vatican* (París, Perrin, 1997) y el artículo *La leggenda nera alla prova degli archivi. Le ricorrenti accuse contro Pio XII*: «La Civiltà Cattolica» 1998, I, 531-541.

cara mayores persecuciones contra la misma Iglesia, precisamente cuando corrían voces de que Hitler quería deportar al papa.

También en el Episcopado alemán hubo comportamientos diversificados, con obispos que no dudaron en denunciar el nazismo y otros que trataron de buscar un compromiso con Hitler. Por este motivo, sobre esta cuestión no puede decirse todavía una palabra definitiva, ya que la documentación es aún insuficiente. En cualquier caso, aunque hay que reconocer que en aquellos años hubo por parte de algunos católicos debilidades, compromisos y egoísmos, también hay que reconocer que muchos otros escribieron auténticas páginas de caridad evangélica al proteger y salvar a muchos hebreos de la persecución y de la muerte.

Se podría incluso decir que al silencio oficial de parte de la Jerarquía correspondió un gran esfuerzo de solidaridad práctica por parte de las comunidades cristianas, que se dirigió indistintamente hacia todos los perseguidos por motivos políticos y, en primer lugar, hacia los hebreos, hasta el punto de poder decirse que aunque la Iglesia calló ante la Shoah, sin embargo, hizo todo lo que humanamente podía hacer para evitarla. Y esto lo hicieron obispos y sacerdotes, religiosos y seglares y, de modo especial, las monjas en sus conventos y monasterios; una actividad silenciosa e inmensa que no deber quedar oculta.

Muchos de ellos pagaron (muchos sacerdotes fueron internados en campos de concentración; religiosos, religiosas y seglares fueron arrestados, torturados y amenazados). Hubo ciertamente católicos indiferentes ante la Shoah, pero los hubo también, y fueron muchos los que ayudaron a los hebreos, arriesgando su propia vida. Muchos de estos sacerdotes contaban con el apoyo de sus respectivos obispos.

Y no hay que olvidar tampoco que frente al nazismo, la Iglesia mantuvo una fuerte lucha en Alemania; que la *Mit brennender Sorge*, escuchada con trepidación por los fieles el Domingo de Pasión de 1937, provocó procesos y ataques contra el clero; que 480 ministros de culto alemanes, protestantes y católicos, fueron internados en Dachau en 1942, muchos de los cuales murieron en aquel campo de concentración y fueron explícitamente recordados por Pío XII el 2 de junio de 1945.

El cuadro general es complejo, con páginas heroicas y momentos de compromiso; con disensos entre la línea del cardenal Bertram y la de los obispos Von Preysing y Von Galen; con la evolución de algunos pastores, pasados de las simpatías iniciales al sucesivo rechazo del nazismo. Si en un primer momento hubo complacencias, más tarde se pasó a una oposición neta por parte de los obispos.

La obra teatral *El Vicario* marcó el cambio de valoración pública del papa Pacelli. Ciertamente, tras el ataque a este papa se oculta un ataque a la misma Iglesia. Hochhuth confundía fantasía con realidad, y de forma impropia, pues para entonces, Pío XII ya no podía defenderse. El uso de estas calumnias contra Pío XII para atacar a la Iglesia católica, probablemente, fue un intento de limitar la influencia del papa y de minar la credibilidad de la Santa Sede enfangándola con acusaciones infamantes. Sin embargo, el objetivo principal de las calumnias fue el de levantar una cortina de humo sobre los resultados de la investigación histórica.

Cada vez es más evidente que algunas potencias económicas, financieras y políticas exteriores a Alemania, fueron responsables directas del sostenimiento de Hitler, y utilizaron la política racista del nazismo para obtener pingües beneficios. Por el contrario, emerge cada vez más claramente el papel profético de la Iglesia que, desde el comienzo, denunció las ideologías políticas y las teorías racistas que desencadenaron el holocausto. Puede que se tema descubrir que algunas instancias, hoy respetadísimas, fueron en realidad cómplices y sostuvieron el régimen nazi.

Si se analizaran con serenidad los sucesos históricos, se obtendría una gran enseñanza, porque, no obstante las adversas condiciones políticas y religiosas que separaban a judíos y católicos, entre ellos se realizó una auténtica alianza común contra el racismo nazi.

¿CUÁNDO NACIÓ DE LA «LEYENDA NEGRA» SOBRE PÍO XII?

Los ataques a Pío XII, acusado de ser «amigo de Hitler», nació mucho antes de los años sesenta. Las primeras actitudes críticas al papa Pacelli se remontan al inicio mismo de la Segunda Guerra Mundial. Vian recuerda que «interrogantes y acusaciones por los silencios y la aparente indiferencia de Pío XII frente a las incipientes tragedias y a los horrores de la guerra vinieron de católicos como Emmanuel Mounier (1905-1950) ya en 1939, en las primeras semanas del pontificado». Por consiguiente, el primero en hablar de las vacilaciones de Pío XII fue este filósofo francés atento sobre todo a la problemática social y política, fundador del personalismo comunitario y de la revista Esprit, quien en mayo de 1939 reprochó amablemente el silencio de Pío XII en ocasión de la agresión italiana a Albania.

Según Vian, el problema de las palabras no pronunciadas, y ya entonces invocadas por Mounier, debió atormentar la conciencia del pontífice durante los larguísimos y tremendos seis años de la guerra, desencadenada solamente pocos meses después de la agresión a Polonia por la Alemania nacionalsocialista aliada con la Rusia soviética. En este contexto, el papa fue acusado por su aparente silencio, que parecía indiferente ante tantos sufrimientos. Y estas acusaciones provenían sobre todo de ambientes polacos en el exilio;

por tanto, de nuevo de parte católica[68]. Hasta el final de su vida tuvo el papa un problema de conciencia, aunque con la convicción de que la única acción posible era salvar a cuantos más judíos mejor, y que una declaración pública tampoco serviría de nada.

El segundo indicio sobre el silencio de Pío XII proviene de otro intelectual católico francés, François Mauriac, quien en 1951, en el prefacio a un libro de Léon Poliakov, lamentó que los judíos perseguidos no tuviesen el consuelo de sentir que el papa condenase con palabras netas y claras la «crucifixión de innumerables hermanos en el Señor»[69]. Pero, aparte de Poliakov, las primeras valoraciones de los exponentes de las comunidades judías de todo el mundo no fueron solamente cautas, sino hasta cálidas respecto a Pío XII.

Giovanni Maria Vian, en el libro, titulado *En defensa de Pío XII. Las razones de la historia*[70], volvió a proponer de forma más elaborada y completa una serie de escritos publicados en el diario de la Santa Sede, *L'Osservatore Romano*[71].

En la introducción, Vian, curador del libro y director del diario vaticano, hace notar que la mala imagen de Pío XII se impuso

---

68 Giovanni Maria VIAN, «Il silenzio di Pio XII: alle origini della leggenda nera», en *Archivum Historiae Pontificiae* 42 (2004) 223-229.

69 Por otra parte, el mismo libro (*Bréviaire de la haine. Le IIIe Reich et les Juifs*) de Léon Poliakov señalaba algunas justificaciones a esos silencios. En esencia, escribió el judío Poliakov que el papa había permanecido en silencio para no comprometer más todavía la seguridad de los judíos; no más de lo que ya lo estaba. A las valoraciones de Poliakov, se sumaron las valoraciones de los exponentes de las comunidades judías de todo el mundo, que no fueron solamente cautas, sino hasta cálidas respecto a Pío XII.

70 Giovanni Maria VIAN en su libro *In difesa di Pio XII. Le ragioni della storia* (Venecia, Marsilio, 2009), afirma que detrás de la pieza dramática se escondía la propaganda soviética eficazmente financiada por la KGB.

71 Los autores son en orden: Paolo Mieli, estudioso de historia y director del *Corriere della Sera*, el más importante diario laico italiano; Saul Israel, biólogo y escritor, acogido y salvado en un convento de Roma durante la ocupación alemana; Andrea Riccardi, profesor de historia contemporánea y autor en el 2008 del libro *El invierno más largo, 1943-1944. Pío XII, los judíos y los nazis en Roma*; el arzobispo Rino Fisichella, rector de la Pontificia Universidad Lateranense; el arzobispo Gianfranco Ravasi, presidente del Pontificio consejo para la cultura; el cardenal Tarcisio Bertone, secretario de Estado vaticano. Cierra el volumen el discurso leído por Benedicto XVI el 8 de noviembre del 2008 en un congreso sobre «La herencia del magisterio de Pío XII».

a nivel mundial en los años sesenta, es decir, algunos años después que Pío XII hubiera muerto en respeto casi universal.

También Giovanni Sale señala aquellos círculos «católico-sociales» que ya en los años cuarenta acusaban a Pío XII de silencio cómplice de los horrores nazistas, y cita al filósofo católico Jacques Maritain, que entonces era embajador de Francia ante la Santa Sede. Pero aparte y más que en un sector de la intelectualidad católica, la «leyenda negra» de Pío XII tuvo un precursor en la propaganda soviética durante la posguerra.

Y Sale aporta nuevos datos a los que ya había puesto en evidencia en ensayos anteriores. Según él, el comunismo internacional, dirigido desde Moscú, había asumido en los últimos meses de la guerra una actitud muy agresiva respecto al Vaticano. Pero fue sobre todo la alocución de Pío XII a los cardenales del 2 de junio de 1945, pronunciada en ocasión de la fiesta de su onomástico, san Eugenio, la que puso en movimiento una campaña concertada de ataques a la persona del papa. En este importante mensaje el papa recorría la lucha sostenida por la Santa Sede, a partir de los tiempos de Pío XI, contra el nazismo y contra las doctrinas anticristianas por él divulgados. «Nosotros mismos durante la guerra —dijo el papa— no hemos cesado de oponer a las ruinosas e inexorables aplicaciones de la doctrina nacionalsocialista, que llegaban hasta a valerse de los más refinados métodos científicos para torturar y suprimir personas frecuentemente inocentes, las exigencias y las normas indefectibles de la humanidad y de la fe cristiana». En esa alocución, Pío XII invitaba, además, a las potencias vencedoras para que fueran moderadas y no se dejasen guiar por el espíritu de venganza respecto a los pueblos vencidos. Él consintió que fueran legalmente verificadas las responsabilidades, incluso individuales, y castigados los excesos, pero que no fuese atribuida al entero «pueblo alemán», ya gravemente golpeado por el hambre y por los bombardeos aliados, la «culpa colectiva» de una guerra tan desastrosa y deshumana. Sabemos que no todos, también en el ambiente católico, sobre este punto eran del mismo parecer del papa.

Dicho mensaje, que invitaba a los pueblos cristianos a la pacificación y a la construcción de un nuevo orden internacional fundado sobre la justicia y la democracia, fue hábilmente instrumentalizado por la prensa comunista internacional para crear la leyenda de un papa amigo de Hitler y de los nazistas alemanes. De hecho, inmediatamente después de la alocución del 2 de junio, Radio Moscú comentó con palabras muy fuertes, como no había ocurrido hasta entonces, el mensaje del papa. Pío XII fue acusado de ser el papa de Hitler, de no haber condenado el nacionalsocialismo, de haberse quedado en silencio frente a las atrocidades de los nazistas: «Quien ha oído el discurso del papa, en ocasión de la fiesta de San Eugenio —comentaba Radio Moscú— , ha quedado sorprendido sobremanera de saber que el Vaticano, durante los años pasados de predominio de Hitler en Europa, actuó con valor y audacia contra los delincuentes nazistas. En cambio, las obras realizadas verdaderamente por el Vaticano dicen lo contrario. Ninguna atrocidad realizada por los hitlerianos causó el desprecio y la indignación del Vaticano. El Vaticano calló cuando operaban las máquinas alemanas de la muerte, cuando humeaban las chimeneas de los hornos crematorios de Maidanec y de Osfensil [sic], cuando sobre la pacífica población de Londres eran lanzados centenares de proyectiles voladores, cuando la doctrina hitleriana de eliminación y de exterminio de naciones y pueblos se transformaba en una dura realidad. Las voces que partían del Vaticano llamaban a la misericordia y al perdón por los delincuentes nazistas». Para Sale, este texto es de interés extremo por dos tipos de motivos. Ante todo, tenía como fin dirigir la prensa comunista internacional en la propaganda antiPacelli y antivaticana. Además, en ese texto, están ya indicados de modo preciso y puntual todos los temas de la «leyenda negra» sobre Pío XII; en él, por primera vez, se habla del silencio del papa sobre la masacre de los judíos. Esos motivos serán después repetidos por la prensa comunista filorusa europea, pero también por la izquierda cercana más moderada. Incluso varios católico-sociales se dejaron influenciar por tal propaganda.

En Italia, la izquierda comunista, dirigida por Pietro Secchia y Luigi Longo, por largo tiempo instrumentalizó con fines políticos la leyenda de un Pío XII primero amigo de Hitler y de los totalitarismos y después sostenedor de los estadounidenses imperialistas. En una reunión con algunos dirigentes comunistas, el 17 de enero de 1946, Longo tratando de la necesidad de controlar de cerca la obra de la Iglesia y del Vaticano, dijo: «La Iglesia es responsable en la persona de Pacelli de la venida de Hitler al poder para construir un frente contra el impresionante peligro del Rusia y esto en el tiempo en que era nuncio en Berlín. Actualmente, después de la muerte de Roosvelt, el papa se encontró solo en Europa contra el peligro ruso y entonces se apoya en América con nombramiento de cardenales, etc., con el fin de poder construir otro frente antiruso con el apoyo de los capitalistas americanos e italianos». Luego, esa leyenda fue muy utilizada en ocasión de las elecciones políticas de 1948, cuando algunos dirigentes comunistas, presos del ímpetu oratorio, durante algunos comicios denunciaron, con escándalo de muchos, «las blancas manos del papa manchadas de sangre inocente».

La propaganda antipacelliana encontró acogida, aparte de en Italia y en Francia, también en Alemania y no solo en los ambientes de la izquierda radical, sino también en algunos círculos de intelectuales cristiano-sociales. Se le reclamaba al Vaticano el haber contribuido, a través de la firma del Concordato de 1933, al reconocimiento internacional del nuevo régimen hitleriano, y de haberlo respaldado no obstante la actitud antirreligiosa tomada por el nazismo, por temor del comunismo, considerado el verdadero enemigo de la Iglesia y de la cristiandad[72].

Las verdaderas acusaciones a Pío XII comenzaron cuando los soviéticos vieron en el papa un enemigo. Recordemos, por ejem-

---

72 Giovanni SALE, «La nascita della "leggenda nera" su Pio XII», en «La Civiltà Cattolica», 160, I, 3810, 21 marzo 2009, pp. 531-543. Este artículo del padre Sale —del que saco en síntesis algunas páginas— explica cómo el mundo comunista modeló la imagen de un Pacelli amigo de Hitler. Una imagen destinada a tener gran éxito en los años sesenta y en adelante, pero que hoy está en fase descendente, refutada por un número creciente de estudiosos.

plo, aquellas intervenciones de Pío XII en la tensión de la posguerra, que apoyaron en Italia la victoria de la Democracia Cristiana,
en 1948. Fue en este contexto de inicio de la Guerra Fría cuando
Pío XII se convirtió en enemigo de las «democracias comunistas».
El comunismo nunca le perdonó a Pío XII su decidida intervención
en Italia para impedir un triunfo electoral del Partido Comunista,
incluyendo la excomunión a los católicos que votaran al PCI.

Por todo esto, no es extraño que fuera en la Alemania comunista
—en el *Freie Volksbühne* de Berlín— donde se estrenara el drama
propagandístico de Hochhuth, el 20 de febrero de 1963. Su puesta
en escena fue obra de Erwin Piscator (Ulm, 1893-Starnberg, 1966),
director de teatro alemán conocido, más que nada, por sus aparato-
sas aunque insulsas escenografías. Con dicha obra se considera que
comenzó la leyenda negra sobre Pío XII, pues muestra deformada la
figura de un papa distante y se critica el supuesto silencio del papa
sobre el nazismo y el holocausto judío, tildando su actitud de criminal complicidad. Esto ocurría, sin embargo, solo dos años después
del proceso a Eichmann, en el que Gideon Hausner, procurador
general del Estado en Jerusalén, afirmó taxativamente: «En Roma,
el 16 de octubre de 1943, se organizó una vasta redada en el viejo
barrio judío. El clero italiano participó en la obra de salvataje y los
monasterios abrieron sus puertas a los judíos. El pontífice intervino personalmente a favor de los judíos arrestados en Roma».

La «acusación» de un Pío XII amigo de Hitler, de Mussolini y de
los otros dictadores fascistas es anterior a la ardiente acusación de
los silencios del papa sobre el exterminio de los judíos en Europa.
En realidad, la percepción de tal exterminio y su elaboración teó-
rica, poco desarrolladas en los años de la posguerra, se abrió camino
solamente a partir de los años sesenta. Los sucesos ligados al proceso Eichmann [de 1961, celebrado en Jerusalén], y a continuación
la ejecución del imputado en 1962 contribuyeron notablemente a
hacer del genocidio de los judíos europeos el hecho fundamental,
bajo el perfil moral, del Estado de Israel.

El caso Eichmann cambió el cuadro y contribuyó a hacer del
genocidio judío la piedra de fundación de Israel. Al Estado de los

pioneros y de los campesinos-soldados, entró como sustituto, en la autorepresentación colectiva, el Estado de las víctimas y de sus herederos. La «leyenda negra sobre Pío XII» surgió en el contexto de las controversias sobre la creación del Estado de Israel. Era comprensible el deseo del pueblo judío de tener una tierra propia, un refugio seguro, pero eran también comprensibles los derechos de quienes ya vivían en Palestina y que a su vez merecían justicia y protección.

Los periódicos de la época refieren ampliamente el nivel de tensión que en esa región se estaba manifestando pero, dado que no quisieron valorar los razonamientos y propuestas de Pío XII, comenzaron a tomar posición, unos de una parte y otros de otra, ideologizando así una reflexión que se desarrollaba de manera articulada y que prestaba atención a los criterios de justicia, equidad, respeto y legalidad. Desde entonces, comenzó a tomar cuerpo una incomprensible acusación contra el papa por no haber intervenido como debía a favor de los judíos perseguidos.

Es evidente que la propaganda anticatólica había actuado con rapidez para negar —o al menos, enturbiar— la verdad histórica. Y es precisamente en 1963 cuando se abre camino una revisión del rol desempeñado por Pío XII en el seno de la misma Iglesia. Esta revisión adoptaba sutilmente una forma maliciosa, pues oponía a su antecesor la figura cariñosa de Juan XXIII, que se presentaba como una persona que en el transcurso de la guerra habría tenido la sensibilidad que, por el contrario, le habría faltado a Pío XII. Habría sido el papa anticomunista, pero no antinazi.

Este discurso caló precisamente en sectores progresistas condescendientes con los «logros de la revoluciones proletarias». No obstante, esta batalla en el mundo católico, que contrapone las figuras de Juan XXIII y de Pío XII, no fue muy valiente, porque nadie la libra a cara descubierta. No hay un libro o un artículo de un representante conocido del mundo católico que diga claramente sí a Juan XXIII y no a Pío XII. Es una batalla conducida entre líneas, hecha de sutilezas.

En realidad, Pío XII fue un papa en línea con la historia de la Iglesia católica del siglo XX. Si se lee lo que escribió o se escuchan sus discursos grabados nos damos cuenta como él expresó, por ejemplo, también críticas al liberalismo. De ninguna manera puede afirmarse que fue un alfil del atlantismo anticomunista.

La imagen de Pío XII como capellán de la gran ofensiva anticomunista en la Guerra Fría es desviacionista, aun cuando es cierto, naturalmente, que era anticomunista. A causa de este anticomunismo le ha sido cargada una cuenta carísima que ha deformado su imagen por medio de representaciones teatrales, publicaciones y películas. Pero todo aquel que no tenga una actitud prejuiciosa y se esfuerce en conocer a Pacelli a través de los documentos, no puede sino sorprenderse por esta leyenda negra que no tiene ningún sentido. Pío XII fue un gran papa, a la altura de las circunstancias. Es como si hoy le echásemos en cara a Roosevelt que no haya pronunciado palabras más claras respecto a los judíos. ¿Pero cómo se puede criticar en el interior de una guerra y por demás a una personalidad desarmada como lo es un Papa? La fisonomía de esta ofensiva respecto a Pío XII parece realmente sospechosa a toda persona de buena fe y es una fisonomía a la que se le debe oponer resistencia. Antes o después, habrá también alguno que releerá los hechos a la luz de los testimonios que hemos señalado antes.

Para el periodista e historiador italiano de origen judío, Paolo Mieli, la leyenda negra es un caso de mala conciencia, porque de otro modo no se explica. La verdad es que el odio hacia Pío XII nació en un contexto preciso, el del inicio de la Guerra Fría. Recordemos que fue el papa quien hizo posible en Italia la victoria de la Democracia Cristiana en 1948. Las acusaciones respecto a él fueron la ebullición de un odio nacido en la segunda mitad de los años 40 y en los años 50. La literatura hostil a Pío XII es posterior al final de la guerra. En Italia, comenzó tras la ruptura del gobierno de unidad nacional de 1947 y maduró durante toda la década de los 50 en forma más encendida. Todo este depósito de odio o de fuerte aversión emergió en los años subsiguientes. Por lo demás, si hubiese salido a la luz inmediatamente los judíos que habían salvado su vida gracias a esta Iglesia, no habrían permitido que se dijese y se escribiese cuanto se ha dicho y escrito. Al haberse ido veinte o treinta años después todos los testigos, todos los que se habían salvado —estamos hablando de miles de personas— ya no estaban y la nueva generación de sus hijos absorbió esas acusaciones.

Cuando Pablo VI fue a Tierra Santa en 1964 y habló en términos muy cálidos de Pío XII, no hubo grandes protestas. Nadie protestó. Y ya había comenzado la «operación Vicario». Las acusaciones parecían increíbles. Posteriormente, la avalancha fue creciendo paulatinamente hasta que desapareció la generación de los testigos directos. De todos modos, a Pío XII se le hará justicia por parte de los historiadores[73].

---

73 Texto tomado, en versión libre, de la entrevista que sobre Pío XII le hizo Maurizio Fontana al periodista italiano Paolo Mieli, director de *Il Corriere della Sera*, y que fue publicada por *L'Osservatore Romano* el 9 de octubre de 2008. El juicio que le merece el papa Pacelli a Mieli es tanto más relevante y digno de ser tenido en cuenta cuanto que este pertenece a una familia judía, varios de cuyos miembros perecieron en campos de concentración nazis.

¿CUÁLES PUEDEN SER LAS CAUSAS DE LA «LEYENDA NEGRA» SOBRE PÍO XII?

Más aun, ¿qué fue lo que realmente pasó? ¿Cómo se pasó de una admiración por Pío XII a una opinión hostil?

El 26 de mayo de 1955 la Orquesta Filarmónica de Israel pidió celebrar un concierto en honor a Pío XII en el Vaticano, para expresar su gratitud al papa y ejecutó en su presencia un movimiento de la 7ª sinfonía de Beethoven.

Este era el clima de concordia y benignidad que reinaba entonces. Recordemos también los testimonios de Golda Meir, Nathan, Einstein, Moshe Sharett y el rabino Isaac Herzog, entre otros.

El rabino jefe de Londres, el doctor Brodie, en un mensaje enviado al arzobispo de Westminster, escribió:

> «Nosotros, miembros de la comunidad judía, tenemos razones particulares para dolernos de la muerte de una personalidad que, en cualquier circunstancia, ha demostrado valiente y concreta preocupación por las víctimas de los sufrimientos y de la persecución»[74].

¿Por qué esta admiración primera e inmediata de la comunidad judía da paso a la aversión a Pío XII? Tal vez la razón está en que

---

74 «Nel Mondo in lutto continuano le manifestazioni di suffragio, di sincero cordoglio e di devozione», L'Osservatore Romano, 11 de octubre de 1958, p. 1.

todo lo que hizo el papa por los judíos no se supo inmediatamente. Lo sabían los judíos personalmente beneficiados, pero cuando estos mueren queda un vacío documental que aprovechan los enemigos de Pío XII para crear la leyenda negra. La campaña de difamación comenzó acusando a Pío XII de guardar un silencio cómplice[75]. Se trata de una evidente perversión de los hechos, puesto que el silencio de Pío XII fue prudente y nunca brindó ningún apoyo al régimen.

Es más, si examinamos bajo el perfil histórico la actividad del papa Pacelli, encontramos que al comienzo de la guerra, él criticó la apatía de la Iglesia francesa bajo la dominación nazi en la Francia de Vichy. Luego criticó el antisemitismo, tan evidente, del obispo eslovaco Josef Tiso[76]. También colaboró en la redacción de la encíclica *Mit Brennender Sorge*, que suponía una dura crítica al nazismo[77].

Pío XII ofreció su apoyo, en una decisión más que arriesgada, a los complotados contra Hitler entre 1939 y 1940[78]. Como nuncio en Alemania, como secretario de Estado o, después, como pontífice, Pío XII siempre señaló a Hitler y a los nazis como el peor peligro para Alemania y para el mundo. Algunos historiadores minimizan u omiten totalmente la condena del nazismo que hizo Pacelli en Lourdes, en Lisieux, en París y en Budapest, a donde fue como legado pontificio.

Cuando Pacelli fue elegido papa, el «Berliner Morgenpost», órgano del movimiento nazi, le consideró como un enemigo de Alemania. Su aversión por el nazismo era tan conocida que el

---

75 Ralph McINERNY, *The Defamation of Pius XII* (St. Augustine's, South Bend, Indiana, 2000).

76 Jozef Tiso (1887-1947) fue un sacerdote católico, diputado del Parlamento checoslovaco, miembro del gobierno checoslovaco y finalmente, entre 1939-1945, presidente de la República Eslovaca Independiente, aliada de la Alemania nazi. Arrestado tras el final de la guerra, fue juzgado por colaboración con el enemigo, traición y crímenes contra la humanidad. Declarado culpable de todos los cargos el 15 de abril de 1947, fue ahorcado tres días después por las autoridades checoslovacas.

77 Basta leer los borradores de dicha encíclica para constatar no solo que Pacelli fue uno de sus redactores, sino que, además, el texto original tiene añadidos de su puño y letra.

78 Lo explica Renato MORO, *La Chiesa e lo sterminio degli ebrei* (Bolonia, Il Mulino, 2003).

semanario de la Internacional Comunista, «La Correspondance Internationale» escribió lo siguiente:

«Al llamar a la sucesión del que había presentado una enérgica resistencia contra las concepciones totalitarias fascistas que tienden a eliminar la Iglesia católica, el colaborador más directo de Pío XI, los cardenales habían realizado un gesto demostrativo, poniendo como jefe de la Iglesia a un representante del movimiento católico de resistencia».

Además, los alemanes consideraron la famosa encíclica *Mit brennender Sorge* de Pío XI, cuyo borrador fue obra de Pacelli, «una amenaza a la seguridad», hasta el punto de que cuando fue elegido papa, el ministro alemán de propaganda, Goebbels, escribió en su diario que el Führer consideró la idea de abolir el Concordato con la Santa Sede.

EL PRESUNTO «SILENCIO» DEL PAPA

Sobre las crueldades de la guerra en curso y la violación de los acuerdos internacionales, el papa volvió a hablar el 2 de junio de 1943, aunque no pronunció aquella condena explícita que algunos querían que fulminara. Pío XII protestó contra la persecución de los judíos, pero explicó que «toda palabra que hemos dirigido con este objetivo a las autoridades competentes y toda mención pública debían ser ponderadas y medidas por el interés de los mismos que sufrían, para no hacer, sin quererlo, más grave e insoportable su situación».

Esta situación de neutralidad permitía al papa salvar no solo a europeos, sino también a prisioneros que no pertenecían al Eje. Pensemos en la tristísima situación de Polonia o en las intervenciones humanitarias en el sudeste asiático. Pío XII nunca suscribió circulares o proclamas. Dijo con la voz lo que había que hacer. Y obispos, sacerdotes, religiosos y laicos comprendieron muy bien la mente del papa y lo que había que hacer urgentemente. El papa se justificó diciendo que cada una de las palabras de sus declaraciones públicas debía ser considerada y pesada con una seriedad profunda en el interés mismo de todos los que sufrían.

Estamos, pues, en el centro de la cuestión de los llamados «silencios» de Pío XII[79], porque él se apoyó en esta reserva de fondo, si

---

79 Remito a la bibliografía esencial sobre este asunto, pues además de las obras citadas

bien la gravedad de tal decisión le había aparecido ya anteriormente en todo su dramatismo. En efecto, ya el 20 de febrero de 1941, Pío XII había escrito: «Allí donde el papa querría gritar alto y fuerte, es desgraciadamente la espera y el silencio lo que le es a menudo impuesto; allí donde él querría actuar y ayudar, es necesaria paciencia y espera». Y en otro escrito posterior, del 3 de marzo de 1944, dirá: «Con frecuencia es doloroso y difícil decidir lo que la situación exige: una reserva y un silencio prudente; o al contrario, una palabra franca y una acción vigorosa».

El Vaticano debía afrontar la posibilidad, es más, la certeza de que una protesta formal y explícita habría destruido incluso las más exiguas posibilidades todavía existentes a las que estaban ligadas vidas humanas. Este es el núcleo de toda la cuestión. ¿Qué debía haber hecho Pío XII? Tuvo que escoger entre hacer una protesta pública contra Hitler o no hacerla: ¿pero una protesta pública habría salvado a los hebreos de la persecución? ¿O más bien habría agravado la situación de los hebreos y de la Iglesia católica en Alemania y en los países ocupados por los nazis?

Pío XII llegó a la conclusión de que un acto de protesta pública por su parte no habría conseguido el mínimo resultado y ciertamente habría agravado la persecución; por tanto, habría sido un acto irresponsable por su parte. Además, una protesta pública habría

---

de Friedländer, Lapide y Blet, merecen citarse: M. GILBERT, *Auschwitz and Allies*, Londres 1981, 105; O. CHADWICK, *The Pope and the Jews in 1942*, «Studies in Church History» 21, 1984, 435-472; R. A. GRAHAM, *La Santa Sede e la difesa degli ebrei durante la Seconda Guerra mondiale*, «La Civiltà Cattolica» 141/III (1990), 209-26; G. MICCOLI, *I dilemmi e i silenzi di Pio XII. Vaticano, Seconda guerra mondiale e Shoah*, Milán 2000, 101-03 (nueva ed. ampliada, Milán 2007); M. L. NAPOLITANO, *Pio XII tra guerra e pace, profezia e diplomazia di un papa (1939-1945)*, Roma 2002, 189-92; G. SALE, *Il preteso «silenzio» di Pio XII e l'Olocausto*, «La Civiltà Cattolica» 153/II (2002), 230-43; C. GALLAGHER, *Vatican Secret Diplomacy: Joseph Hurley and Pope Pius XII*, (New Haven 2008), 147-49; M. PHAYER, *Pius XII, the Holocaust, and the Cold War* (Indianápolis 2008), 44-57; L. CECI, *L'interesse superiore. Il Vaticano e l'Italia di Mussolini* (Roma-Bari)2013, 296-97; J. F. POLLARD, *The Papacy in the Age of Totalitarianism, 1914-1958* (Oxford 2014), 334-35; R. PERIN, *La radio del papa. Propaganda e diplomazia nella seconda guerra mondiale* (Bolonia 2017) 217-20; L. PAPELEUX, *Les silences de Pie XII* (Bruselas 1980), trata con objetividad no solo los presuntos «silencios» del papa sino los esfuerzos constantes de la diplomacia vaticana al servicio de la paz y la acción caritativa de la Santa Sede entre mil dificultades en favor de los hebreos.

impedido a la Iglesia llevar adelante su obra escondida de asistencia a los hebreos. A esta misma línea de conducta se atuvieron la Cruz Roja Internacional y las organizaciones hebreas americanas, pero no consta que a ninguna de ellas se les haya acusado de «silencio».

Sin embargo, la diferencia entre el Vaticano y la Cruz Roja consistió en el hecho de que el Vaticano encontró el modo de declarar su protesta pública, aunque expresada de forma indirecta mediante el citado mensaje natalicio de Pío XII el año 1942. Cuantos estaban empeñados en una acción humanitaria convenían en que los resultados, en términos de vidas humanas, eran más importantes y urgentes que las manifestaciones de pública indignación, las cuales, si podían tranquilizar las conciencias, no habrían producido efectos reales; es más, habrían sido positivamente desfavorables para quienes ansiosamente pedían ayuda.

Kempner, antiguo delegado de los Estados Unidos en el Consejo del Tribunal de Nuremberg, dijo: «Cualquier intento de propaganda de la Iglesia católica contra el Reich de Hitler no habría sido solamente un suicidio provocado, como declaró también Rosenberg, sino que habría acelerado la ejecución de muchos más judíos y sacerdotes». De este modo, se dejan entrever también las preocupaciones de Pío XII por los sacerdotes alemanes.

«Se le pide lo imposible». Estas palabras del embajador polaco Casimiro Papée a su gobierno contienen su análisis de las instrucciones sobre lo que habría debido obtener del pontífice. Habiendo él, mucho más que otros, bombardeado a la Santa Sede en todo aquel tiempo, con relatos de las opresiones nazis y de los malos tratos que daban a los hebreos en su país, tenía experiencia directa de que el papa se sentía personalmente responsable de las consecuencias que podía tener un gesto suyo más explícito y clamoroso.

No fue, pues, debilidad sino valentía; no fue pasividad, sino preocupación lo que predominó en la motivación del papa, que no podía aceptar un gesto provocativo contra los nazis, como querían los Aliados. El papa no quiso hacer este gesto —ya que, además, su declaración habría comprometido su autoridad— por las consecuencias de las que él habría cargado con una responsabilidad personal.

Ante una denuncia pública y explícita del papa, los nazis habrían negado las acusaciones, ya que el Vaticano mismo no estaba en condiciones de probarlas, y el Vaticano habría sido acusado de ser manipulado por los ingleses y los americanos, enemigos de Alemania. El tan esperado «mensaje moral» del papa habría quedado reducido a una mera acción política, especialmente cuando el inevitable uso entusiasta del mensaje pontificio se convertiría en tema preponderante de la propaganda aliada y el papa habría sido acusado de haberse asociado a la campaña de mentiras de la que Alemania habría sido víctima durante mucho tiempo.

Por último, hay que decir que la declaración pontificia en Alemania habría sido vanificada; que en los territorios ocupados, donde la máquina nazi estaba ya organizada para la opresión, se habrían intensificado ulteriormente las matanzas, con el agravante de que esta vez el culpable habría sido el papa, por haber hablado, y que a los gobiernos satélites, la presión alemana habría impedido cualquier acceso al Vaticano. Y la guerra todavía era larga.

En los años sucesivos, las intervenciones de la Santa Sede, sobre todo en favor de los hebreos, continuaron y con resultados positivos. De todo ello fueron testigos de primera mano las organizaciones hebreas que manifestaron su reconocimiento y gratitud al papa.

PÍO XII NO FUE CÓMPLICE DE HITLER

No existe prueba documental alguna que demuestre que el papa fuese cómplice de Hitler. Si Pío XII hubiese conocido el exterminio, su denuncia habría impulsado a Hitler a agravar la suerte de los judíos. La leyenda negra quiere hacer creer que el silencio del papa Pacelli fue culpable, porque nunca hizo declaraciones clamorosas de denuncia contra la persecución de los judíos, de modo que hubiera podido frenar el exterminio.

Cabe preguntar a este respecto ¿qué pruebas llevaban al papa Pacelli a creer que su protesta habría encolerizado a los nazis, agravando la situación de los perseguidos? Y la respuesta sería que la primera experiencia fue justamente la de la invasión nazi de Polonia. Alemania se había encolerizado por las transmisiones de Radio Vaticana que denunciaban con fuerza lo que ocurría en Polonia, y el papa las hizo interrumpir para no agravar las cosas. Los obispos polacos exilados en Londres protestaron por la decisión del papa de no denunciar el terror nazi en Polonia, que se abatía incluso contra sacerdotes católicos. Sin embargo, los prelados que seguían en Polonia decían lo contrario, porque la denuncia no hacía sino agravar la situación. Pero lo que pudo decidir al papa de modo definitivo a elegir el silencio fue el ejemplo de los obispos holandeses, que habían protestado contra la deportación de los judíos. El gobernador alemán concedió que los judíos bautizados fueran excluidos de las deportaciones a cambio de que los obispos no protestaran más. Los obispos no aceptaron la condición e incluso hicieron pública su protesta. La reacción alemana fue la de deportar incluso a sacerdotes y religiosos de origen judío, entre ellos la carmelita Edith Stein, como ya se ha dicho.

La declaración vaticana sobre el holocausto, titulada «Una reflexión» habla de que cientos de miles de vidas de judíos fueron salvadas por Pío XII y sus representantes. Y esta labor humanitaria fue otra circunstancia que obligó al papa a guardar silencio, ya que de este modo se aseguraba la intervención de la Iglesia a favor de los perseguidos. Pío XII dio claras instrucciones a sus representantes para que intercedieran ante los gobiernos aliados de Hitler para frenar las deportaciones o para procurar refugio a las víctimas. El propio Pío XII frenó personalmente la deportación de los judíos del *gueto* de Roma, en contra de las mentiras que se han dicho durante los últimos años sobre su presunta indiferencia, incluso ante lo que les ocurría a pocos presos del Vaticano. La cifra que cita el documento del Vaticano, de cientos de miles de judíos salvados gracias a Pío XII, es la que aporta el estudioso judío Pinchas E. Lapide, en su libro anteriormente citado sobre los tres últimos papas y los judíos, publicado en 1967. Esta cifra no se la ha inventado el Vaticano.

Y, a pesar de todo esto, a Pío XII se le acusa de germanófilo, lo cual equivale a acusar a la Iglesia de ser responsable del holocausto. En noviembre de 1939, y en los primeros meses de 1940, se dio el intento por parte de algunos generales alemanes de abatir el régimen de Hitler y de volver a instituir la democracia. Los alemanes hicieron que la noticia llegara al Vaticano y el papa se comprometió personalmente, corriendo un gran riesgo, para hacer de trámite y lograr que la noticia llegara a los aliados ingleses y estadounidenses. Luego, aquellos generales no pudieron hacer nada, pero el papa participó activamente en este proyecto y sirvió de mediador entre altos oficiales del ejército alemán que se oponían a Hitler y que deseaban un armisticio con Gran Bretaña, ofreciendo la restitución de todos los países conquistados, salvo la anexionada Austria. Esto está documentado en los archivos del Foreign Office.

También en 1940, el 10 de mayo —y esto se halla documentado en los archivos franceses e ingleses—, el papa advirtió al gobierno francés de que Hitler iba a invadir los tres países del Benelux. ¡Cuatro días antes de que se produjera la invasión! Se debe añadir el papel de Pío XII para convencer en 1941 a los católicos norteamericanos de que la ayuda de Roosevelt a Stalin para combatir a los nazis no significaba respaldar el comunismo.

TESTIMONIOS DE LOS JUDÍOS
A FAVOR DE PÍO XII

En nuestro tiempo, la Santa Sede y, sobre todo, el papado han sido catapultados ante la conciencia mundial en una perspectiva completamente nueva. No es casual que la polémica sobre Pío XII y su acción durante la Segunda Guerra Mundial saltara a la opinión pública con un obra teatral, representada en Berlín a comienzos de 1963, es decir, apenas unos meses después de la primera y agitada sesión del Vaticano II, cuando se abrieron los horizontes, aparecieron nuevos mundos y empezaron a caer viejos muros.

La opinión mundial observaba, admiraba y comenzaba a identificarse con lo que ocurría en los círculos eclesiásticos y católicos. Entonces se entendió que cuanto el papa de Roma dice o no dice, hace o no hace, puede transformarse en un hecho importante, que sobrepasa los confines de los intereses puramente religiosos o confesionales. Esta toma de conciencia no había sido tan evidente hasta entonces.

Es singular ver que las críticas a Pío XII comenzaron en 1963, cinco años después de su muerte, cuando el papa ya no podía hablar ni defenderse. Si realmente se hubiera comportado de forma deplorable durante los años de la persecución hebrea, las pruebas de sus faltas o errores habría salido inmediatamente después de la guerra. Pero en aquel período no recibió más que elogios y agradecimientos. Se trataba de personas que habían vivido durante los trágicos años de la persecución nazi, mientras que muchos de los que después acusaron a Pío XII en aquel tiempo eran muy jóvenes o ni siquiera habían nacido.

Durante la vida de Pío XII no solamente no hubo acusaciones contra él sino que —como ya he dicho— organizaciones y personalidades judías representativas reconocieron varias veces oficialmente la sabiduría de la diplomacia del papa, que desde el comienzo de la guerra (1 septiembre 1939) hizo todo lo posible para evitarla y después trató de aliviar los sufrimientos de las víctimas.

Por ejemplo, el jueves 7 de septiembre de 1945, Giuseppe Nathan, comisario de la Unión de las Comunidades Israelitas Italianas, declaró: «En primer lugar dirigimos un reverente homenaje de reconocimiento al sumo pontífice, a los religiosos y las religiosas que, poniendo en práctica las directrices del santo padre, solo han visto en los perseguidos a unos hermanos, y con arrojo y abnegación han actuado de forma inteligente y eficaz para socorrernos, sin pensar en los gravísimos peligros a los que se exponían».

El 21 de septiembre del mismo año, Pío XII recibió al Dr. A. Leo Kubowitzki, secretario General del *World Jewish Congress*, que había pedido audiencia para presentar «al santo padre, en nombre de la Unión de las Comunidades Israelitas, su más sentido agradecimiento por la obra llevada a cabo por la Iglesia católica en favor del pueblo judío en toda Europa durante la guerra».

El 29 de noviembre de 1945, el papa recibió a cerca de 80 delegados de prófugos judíos, procedentes de los campos de concentración en Alemania, que habían ido allí a manifestarle «el sumo honor de poder dar las gracias personalmente al santo padre por la generosidad que había demostrado hacia ellos, cuando fueron perseguidos durante el terrible período del nazismo».

En su acción en favor de las víctimas de la guerra, Pío XII no hizo más que repetir lo que había hecho Benedicto XV durante la Primera Guerra Mundial en favor de los heridos y de los prisioneros de guerra. Pacelli había trabajado con este papa y se sentía orgulloso de la tarea realizada sin distinción alguna de religión, raza, nacionalidad y política. La Santa Sede había dejado una impresionante herencia de acción humanitaria durante aquella guerra. Y lo mismo haría veinte años después, durante el segundo conflicto armado.

Tanto los hebreos en peligro cuanto sus autoridades locales y mundiales se dirigieron a Pío XII con esperanza y confianza. Nunca en la historia, como en esos años, las comunicaciones entre la Santa Sede y la comunidad hebrea alcanzaron tanta intensidad. A nivel local, los jefes de las comunidades se acercaban a los representantes pontificios para obtener sus ayudas. Pío XII favoreció ayudas concretas a la emigración de los hebreos perseguidos con tanto fanatismo y crueldad por los nazis.

Cuando murió, el 9 de octubre de 1958, Pío XII fue objeto de homenajes unánimes de admiración y de gratitud. «El mundo —declaró el presidente de los Estados Unidos, Eisenhower— es ahora más pobre después de la muerte del papa Pío XII».

Golda Meir, la mujer judía más importante de su país en el siglo XX, ocupó cargos muy importantes en el gobierno judío, siendo nombrada primer ministro de Israel para que enderezase la situación cuando en la guerra del Yon Kippur las cosas no iban bien para los judíos. Esta, a poco de terminar la Segunda Guerra Mundial, fue a visitar a Pío XII para expresarle su agradecimiento, y cuando el papa murió en 1958, ella, entonces ministro de Asuntos Exteriores de Israel, pronunció un sentido elogio del papa ante la ONU, dijo:

> «Compartimos el dolor de la humanidad por la muerte de su santidad Pío XII. En una generación afligida por guerras y discordias, él ha afirmado los altísimos ideales de la paz y de la piedad. Durante el decenio del terror nazi, cuando nuestro pueblo sufría un terrible martirio, la voz del papa se elevó para condenar a los perseguidores y apiadarse de sus víctimas. La vida de nuestro tiempo se ha visto enriquecida por una voz que expresaba las grandes verdades morales más allá del tumulto de los conflictos cotidianos. Lloramos a un gran servidor de la paz»[80].

---

80   «Il mondo intero piange la dipartita di Pio XII», L'Osservatore Romano, 10 de octubre de 1958, p. 2.

Y William Zuckermann, director de la revista *Jewish Newsletter*, escribió lo siguiente:

«Todos los judíos de América rinden homenaje y expresan su dolor porque probablemente ningún estadista de esa generación ha dado a los judíos una ayuda más poderosa en la hora de la tragedia. Más que ningún otro, nosotros hemos tenido el modo de beneficiarnos de la grande y caritativa bondad y de la magnanimidad del llorado pontífice durante los años de persecución y de terror. Así ha sido considerado Pío XII durante años y durante décadas. ¿Quizás estaban todos locos? No, más que eso, eran ellos los que habían sufrido las persecuciones de las que Pío XII fue culpado como cómplice. Si lo tomamos como un caso historiográfico, el de la leyenda negra es una locura. Pero pienso que, aparte de cualquier polémica, todo historiador digno de este nombre se batirá —también en el caso de personas como yo que no soy católico— para restablecer la verdad».

En la persecución de los judíos se suele plantear la cuestión de hasta qué punto los siglos de antijudaísmo influyeron en la falta de reacción de muchos ante el Holocausto. Lapide señala, por su parte, el caldo de cultivo de las acusaciones de Hochhuth: «Detrás del pensamiento de Hochhuth hay más de 500 años de antipapismo». De este modo, «el libro de Hochhuth es una especie de caricatura hecha por un protestante, más o menos practicante, a partir de lo que siempre le han contado de lo que son los papas».

Lapide recuerda que Pío XII, cuando todavía era el nuncio Pacelli en Múnich, había contribuido durante la Primera Guerra Mundial a salvar judíos en Palestina. En 1917, el turco Dachomal-Pascha había planeado una masacre de los judíos en Palestina, como se había hecho con los armenios. El asunto llegó a conocimiento de Mons. Pacelli, quien habló con las autoridades de Múnich para que intervinieran en Berlín en favor de los judíos. Entonces los alemanes tenían estrechas relaciones con los musulmanes otomanos. Las instrucciones pertinentes llegaron al general alemán Von Valkenhayn en Jerusalén, y así se pudo evitar la masacre.

Y durante la II Guerra Mundial, ¿hizo mucho Pío XII por los judíos? «Sí —responde Lapide—. En cualquier caso, más que cualquier otra iglesia cristiana o institución de la Europa de entonces, ya sea del este o del oeste». Su mujer Ruth corrobora: «Las iglesias evangélicas, el Comité Internacional de la Cruz Roja, hicieron infinitamente menos de lo que hizo Roma para salvar judíos».

Lapide apostilla que también de Pío XII se puede decir que podría haber hecho más, pero las graves acusaciones contra él son «calumnias». Lapide recuerda que, poco antes de la Navidad de 1944, estuvo más de una hora con Pío XII. Entre otras cosas, le dijo: «Señor Lapide, estoy seguro de que en el futuro se pensará que yo podía haber hecho más, y claro que podía haberlo hecho. Pero lo que he hecho por salvar judíos es una realidad».

Así lo reconocieron los judíos nada más acabar la guerra y después. De hecho, Lapide manifiesta que escribió su obra «a partir de citas de judíos y de testimonios de víctimas que se salvaron: mis pruebas son de los que sufrieron y están por encima de cualquier sospecha». Y advierte que la crítica judía contra Pío XII no comenzó hasta la publicación de la obra de Hochhuth.

El nuncio en Bucarest el 14 de febrero de 1943 trasmitía los agradecimientos del presidente de la comunidad hebrea rumana: «El presidente de la comunidad israelita de Rumania … ha venido ya dos veces a agradecerme por la asistencia y la protección de la Santa Sede a favor de sus correligionarios». Dos semanas después, el doctor Safran, rabino jefe de Bucarest, le pide «trasmitir al santo padre el homenaje de devoción y los saludos sinceros, respecto de toda la comunidad, que sabe ser objeto de tan paterna solicitud por parte del augusto pontífice».

El representante de la Santa Sede en Croacia más o menos por la misma época escribía también a Roma: «El rabino mayor de Zagreb me ha pedido trasmitir su vivísimo agradecimiento a la Santa Sede por la ayuda eficaz por parte de esta al lograr transferir un grupo de muchachos hebreos».

Mons. Roncalli —el futuro papa Juan XXIII— desde Turquía a su vez refería: «Hoy mismo, el secretario de la Agencia Judía para

Palestina, el señor Ch. Barlas, ha venido a agradecerme y a agradecer a la Santa Sede por sus acciones en favor de los israelitas de Eslovaquia»; y el mismo Mons. Roncalli, en junio, trasmitía dos cartas que le habían sido enviadas, una en la que se le agradecía por lo hecho a favor de los hebreos y la otra en que se agradecía por la obra de socorro realizada por el arzobispo de Zagreb, el cardenal Stepinac, beatificado en 1998 por Juan Pablo II.

Al acabar la guerra y hasta la muerte de Pío XII, las organizaciones y personalidades judías solo tuvieron palabras de elogio para la actuación del papa.

La actitud de la Iglesia en Alemania impresionó de tal manera a Albert Einstein, que dio un testimonio a favor de la Iglesia, al escribir en *Time Magazine*, en 1940:

> «Siendo un amante de la libertad, cuando la revolución estalló en Alemania, miré con confianza a las Universidades, sabiendo que estas se habían siempre enorgullecido de su devoción a la causa de la verdad. Pero las Universidades fueron acalladas. Entonces miré hacia los grandes editores de los periódicos que, en fogosos editoriales, proclamaban su amor por la libertad. Pero también ellos, como las Universidades, fueran sofocados en pocas semanas. Solo la Iglesia permaneció en pie para bloquear el paso a la campaña de Hitler para suprimir la verdad. Nunca antes había tenido un interés particular hacia la Iglesia, pero ahora nutro un gran afecto y una gran admiración hacia ella, porque solo la Iglesia ha tenido el valor y la obstinación de sostener la verdad intelectual y la libertad moral. Confieso que ahora alabo incondicionalmente aquello que una vez desprecié».

La noticia de la muerte de Pío XII, el 9 de octubre de 1958, fue acogida por todas partes con gran conmoción y humana participación. Hombres de Estado, diplomáticos, jefes religiosos de diferentes credos enviaron al Vaticano mensajes de condolencia, subrayando la prodigiosa obra desarrollada por el papa durante el conflicto a favor de la paz y sobre todo la contribución humanitaria ofrecida por la Santa Sede para aliviar los sufrimientos de las víctimas de la guerra, en particular los judíos, perseguidos en la mayor parte de países europeos.

Los obituarios publicados por el *Sunday Times* en Inglaterra y otras partes fueron unánimemente favorables al papa fallecido. El mariscal Montgomery —de carácter difícil—, escribió en el *Sunday Times* del 12 de octubre de 1958 sobre sus frecuentes audiencias privadas con Pío XII. Montgomery, un anglicano convencido e hijo de un obispo anglicano, tenía una amistad tan profunda con Pío XII que en su dormitorio (el de Montgomery) tenía dos fotografías: una de su padre y la otra de Pío XII.

Sir D'Arcy Osborne, el representante inglés ante la Santa Sede que durante la Segunda Guerra Mundial vivió en el Vaticano, consideraba a Pío XII la persona más santa que había tenido el privilegio de conocer en su larga vida y confió en una carta privada que sentía no ser católico para poder recibir la Santa Comunión de manos de Pío XII.

PÍO XII NO FUE INSENSIBLE ANTE LOS CRÍMENES CONTRA LA HUMANIDAD

Pocos años después, a partir de 1963, el papa se convirtió en el héroe de una leyenda negra: durante la guerra, por cálculo político o pusilanimidad, habría permanecido impasible y silencioso ante los crímenes contra la humanidad, que en cambio su intervención habrían parado.

Cuando las acusaciones se fundan en documentos, es posible discutir la interpretación de los textos, verificar si han sido recibidos acríticamente, mutilados o seleccionados en un cierto sentido. En cambio, cuando una leyenda es construida con elementos disparatados y con un trabajo de imaginación, la discusión no es posible. Lo único posible es oponer al mito la realidad histórica probada con documentos incontestables. Para ello, desde 1964, el papa Pablo VI autorizó la publicación de los documentos de la Santa Sede relativos a la Segunda Guerra Mundial.

Partiendo de tales documentos habría sido posible escribir una obra que describiese cuáles habían sido las actitudes y la política del papa durante la Segunda Guerra Mundial. O bien se habría podido componer un libro blanco, para demostrar la falta de fundamento de las acusaciones contra Pío XII. Tanto más que, siendo la acusación principal la del silencio, era fácil, partiendo de los documentos, poner en evidencia las actuaciones de la Santa Sede en favor de las víctimas de la guerra y, en particular, de las víctimas de las persecuciones raciales. Pareció más conveniente emprender la publicación completa de los documentos relativos a la guerra.

Existían ya diversas colecciones de documentos diplomáticos, de los cuales muchos volúmenes se referían a la Segunda Guerra Mundial. Ante tales colecciones y sobre tales modelos era útil permitir a los historiadores investigar, sobre los documentos, el papel y la actividad de la Santa Sede durante la guerra. Con esta perspectiva fue iniciada la publicación de la citada colección de las ADss.

Una consulta serena de tal documentación muestra la realidad de la actitud y la conducta de Pío XII durante el conflicto mundial y, como consecuencia, la falta de fundamento de las acusaciones lanzadas contra su memoria. Los documentos ponen en evidencia cómo los esfuerzos de su diplomacia para evitar la guerra, para disuadir a Alemania de atacar a Polonia[81] y para convencer a la Italia de Mussolini de separarse de Hitler llegaron al límite de sus posibilidades.

No se encuentra ningún rastro de la pretendida parcialidad filoalemana que él habría asumido durante el período transcurrido en la nunciatura en Alemania. Sus esfuerzos, asociados a los de Roosevelt, para mantener a Italia fuera de la guerra, los telegramas de solidaridad del 10 de mayo de 1940 a los soberanos de Bélgica, Holanda y Luxemburgo, después de la invasión de la *Wehrmacht*, sus consejos a Mussolini y al rey Víctor Manuel III para sugerir una paz separada no fueron en tal dirección. Sería ilusorio pensar que con el cuerpo de la guardia suiza, o incluso con una amenaza de excomunión, el papa habría parado los tanques de la *Wehrmacht*. Además, una eventual excomunión habría sido completamente inútil, como enseñaba la historia: ni la reina Isabel I de Inglaterra ni Napoleón cambiaron su política aunque fueron excomulgados.

Pero la acusación más reiterada es la de haber permanecido callado ante las persecuciones raciales contra los hebreos, llevadas hasta sus

---

81   A. DUCE, *Pio XII e la Polonia (1939-1945)* (Roma, Studium, 1997), es una obra rigurosa y bien documentada, que quita dignidad científica a las polémicas sobre Pío XII; en la introducción del libro se recuerda que el filón acusatorio contra el papa ha encontrado numerosos y muy valiosos desmentidos historiográficos.

últimas consecuencias, y de haber dado libertad de este modo a la barbarie nazi. Sin embargo, los documentos ponen en evidencia los esfuerzos tenaces y continuos del papa para oponerse a las deportaciones, sobre el objetivo de las cuales las sospechas crecían continuamente. El silencio aparente escondía una acción secreta a través de nunciaturas y episcopados para evitar —o al menos limitar— las deportaciones, las violencias y las persecuciones. Las razones de tal discreción están claramente explicadas: las declaraciones públicas no habrían servido para nada, no habrían hecho más que empeorar la suerte de las víctimas y multiplicar su número.

SE DESENMASCARA LA LEYENDA NEGRA CONTRA PÍO XII[82]

La última vez que se dijo que Pío XII calló ante los crímenes nazis contra los judíos ocurrió en el mismo Vaticano: el rabino jefe de Haifa, Shear-Yashuv Cohen, invitado a hablar de la Palabra de Dios en el sínodo, aprovechó para exponer una crítica velada a Pío XII al afirmar que el papa debería haber ayudado más a los judíos durante el Holocausto.

El papa Benedicto XVI invitó al rabino judío Shear-Yashuv Cohen, rabino jefe de Haifa y miembro de la comisión mixta Israel-Vaticano, a intervenir ante el sínodo de los obispos que tuvo lugar en el Vaticano en el mes de octubre de 2008 sobre el tema de las Sagradas Escrituras. Cohen dirigió un discurso a los obispos el segundo día del sínodo sobre el Antiguo Testamento, que es la única parte de las escrituras que comparten judíos y cristianos. Se trató de una invitación «natural y lógica», teniendo en cuenta que la asamblea trataba precisamente sobre la Biblia.

---

82 A. GASPARI, *Los judíos, Pío XII y la leyenda negra. Historia de los hebreos salvados del holocausto* (Barcelona, Planeta, 1998), pone en su sitio, en este libro documento, uno de los tópicos más manoseados en estos últimos tiempos, aporta datos que hablan por sí mismos y que, por desgracia, algunos se empeñan en seguir ignorando para encasillarse en un victimismo en el que parecen sentirse muy a gusto.

Cohen aseguró en una entrevista a la agencia católica nortea-
mericana *Catholic News Service* que «esta invitación lleva consigo un
mensaje de amor, coexistencia y paz». Además, «veo en ello una
especie de declaración por parte de la Iglesia para continuar con la
política y la doctrina que establecieron los papas Juan XXIII y Juan
Pablo II» con respecto al pueblo judío. Se trató de la primera vez que
un hebreo participaba en un sínodo de los obispos, en los que, hasta
entonces, solo habían estado presentes algunos miembros de otras
confesiones cristianas en calidad de observadores externos.

En una entrevista a la agencia Reuters, el rabino Cohen dijo que
si hubiese sabido que la reunión coincidía con las ceremonias para
rendir homenaje a Pío XII por los 50 años de su muerte no habría
viajado a Roma. «Sentimos que el último papa (Pío XII) debería haberse expresado claramente y aún más fuerte», dijo antes de
la reunión que mantuvo con obispos católicos de todo el mundo.
Cohen, de 80 años, anunció que viajó a Roma con la ilusión de hacer
una referencia indirecta a la desilusión de los judíos acerca de Pío
XII, así como también una apelación a todos los líderes religiosos
para denunciar al presidente iraní, Mahmoud Ahmadinejad, quien
en reiteradas oportunidades se expresó a favor de la desaparición
de Israel.

Benedicto XVI había realizado en septiembre de 2008 una defensa
del papel que Pío XII tuvo en relación con los judíos en la Segunda
Guerra Mundial. «Él podría haber ayudado en secreto a muchas de
las víctimas y refugiados pero la pregunta es: ¿podría haber alzado
su voz y eso hubiese ayudado o no?», dijo Cohen. El rabino consideró que «como víctima (del genocidio nazi), sentimos que (Pío XII)
sí podría haber ayudado a más judíos. No estoy autorizado por las
familias de los millones de fallecidos (durante el Holocausto) para
decir "olvidamos, perdonamos"», agregó el rabino. Cohen sostuvo
que solo Dios sabe si el papa Pío XII hablaba explícitamente en contra del Holocausto: «Dios es el juez (…) sabe la verdad».

Hay que empezar negando la afirmación básica. Pío XII no
guardó silencio ante los crímenes contra los judíos, porque habló en
público tres veces.

La primera, ante las leyes de esterilización y eutanasia de los no arios. El 6 de diciembre de 1940, el Santo Oficio, por orden del papa, publicando su Declaración en *L'Osservatore Romano*, condenaba la eutanasia.

Más directamente, en el radiomensaje de Navidad de 1942, denunciaba el crimen contra «los cientos de millares de personas, que, sin culpa propia alguna, a veces solo por razones de nacionalidad o de raza, se ven destinados a la muerte o a un progresivo aniquilamiento».

Finalmente, en la alocución que dirigió a los cardenales el 2 de junio de 1943 volvió a aludir sin rodeos a quienes por su nacionalidad o estirpe están sufriendo perjuicios, graves y agudos dolores y están destinados, sin culpa propia, a constricciones exterminadoras.

El papa no calló. Todo el mundo entendió su mensaje. Tras el radiomensaje de Navidad de 1942 la Gestapo atacó a todos los que hablaban a favor de los judíos. Y *The New York Times* comentaba:

«*Estas Navidades, él [el papa] es más que nunca una voz solitaria gritando en el silencio de un continente (...). Cuando un líder obligado a ser imparcial entre las dos partes en litigio denuncia (...) la condena de seres humanos sin otro motivo que su raza (...) es como un veredicto de un alto tribunal de justicia*».

Pío XII habló poco, pero claramente. Más que los Aliados —en su mensaje de 1943 no pasó de alusiones genéricas a la injusticia— y que la Cruz Roja, que nunca denunció nada y lo explicó en Nuremberg con la misma razón que movió al papa: si hablaba, sería imposible actuar. Tampoco las comunidades judías, no solo de Europa, que podían temer al Führer, sino las más seguras de los Estados Unidos, dijeron una sola palabra sobre estos crímenes.

¿POR QUÉ ACTUÓ ASÍ PÍO XII?

Dos razones se han dado de este silencio, que no es tal: filonazismo o miedo. Se apoya lo primero indicando que el papa veía en el nacionalsocialismo un freno para el comunismo, que le preocupaba más. Pero no es así, porque siendo nuncio en Múnich y Berlín condenó 40 veces la ideología nazi, y siendo secretario de Estado participó activamente en la redacción de la *Mit brennender Sorge*, la encíclica de Pío XI que condenó el nazismo.

Tras la elección de Pacelli, el semanario de la Internacional Comunista decía que los cardenales habían elegido a un enemigo del totalitarismo. Y el *Berliner Morgenpost*, órgano del partido nazi, escribía que esa elección no era bien recibida porque siempre se había opuesto al nazismo y determinó la política de su predecesor.

¿Tuvo miedo? Es una acusación incómoda porque no se puede refutar ni probar. Los documentos no expresan la totalidad de los sentimientos humanos, pero indican convergencias. Sobre todo, están los hechos y estos indican todo lo contrario. Además de todas sus ayudas a los perseguidos, están las denuncias no públicas, pero que llegaron a su destino, como la que realizó ante el embajador Von Ribbentrop en 1940.

Parece justo atender a los motivos con los que él mismo explicó su actitud. En el radiomensaje navideño de 1941 afirmó: «*Nos amamos con igual afecto a todos los pueblos, y para evitar aun la sola apariencia de que Nos mueve un espíritu partidista, Nos hemos impuesto, hasta ahora, la máxima reserva»*[83].

De los textos y testimonios de testigos podemos concluir las razones que le movieron para actuar como lo hizo: pocas condenas, pero claras, y muchas actuaciones. Las condenas empeoraban la situación de los perseguidos y, por tanto, eran inútiles. El papa quería permanecer no partidista para poder ser mediador neutral y quería que sobre este asunto hablasen los obispos, más cercanos a los hechos.

Hay momentos en la historia en los que parece que tanto el comunismo como el sionismo se alían en sus ataques infundados contra un objetivo común: la Iglesia católica.

Una «rectificación» sospechosa que confirma la campaña lanzada contra la Iglesia, tomando como pretexto el «silencio» de Pío XII, fue la del *New York Times,* que trató de muy diferente forma a Pío XII cuando este vivía y cuando, cuarenta años después de su muerte, volvió a tratar el asunto. En un editorial del 25 de diciembre de 1941 escribió:

«La voz de Pío XII es una voz solitaria en el silencio y en la oscuridad en la que ha caído Europa en esta Navidad. Él es el único soberano del continente que tiene la valentía de levantar su voz... Solo el papa ha pedido el respeto a tratados, el fin de las agresiones, un trato igual para las minorías y el cese de la persecución religiosa. Nadie más que el papa es capaz de hablar en favor de la paz».

El mismo periódico, en un editorial del 18 de marzo de 1998 dijo:

«Es necesario un serio análisis sobre la actuación de Pío XII... Será misión de Juan Pablo II y de sus sucesores dar los pasos necesarios para reconocer el fallo de la Iglesia frente a la maldad que dominó Europa».

---

83   AAS 34 (1942) 10-21.

RECIENTES DOCUMENTOS CONFIRMAN QUE PÍO XII AYUDÓ A LOS HEBREOS

Que Pío XII fue defensor de los hebreos desde mucho antes de ser papa lo corroboran recientes investigaciones en base al análisis de documentos desclasificados del Vaticano, que muestran sus esfuerzos no solo para ayudar a los judíos perseguidos durante el nazismo, esfuerzos dirigidos a salvar a cada ser humano sin importar su color o credo, sino incluso antes de ser elegido pontífice, pues instruyó una suerte de doctrina sobre la ayuda a los judíos que por más de 50 años fue una especie de manual de la Iglesia católica en esa dirección.

La obra de Ickx[84] reconstruye los eventos que vieron al papa Pacelli y a sus colaboradores más cercanos como protagonistas durante los años en los que la locura nazi perpetró el exterminio del pueblo judío, pero analiza sus antecedentes poniendo como ejemplo fundamental un documento de 1916, cuando Pacelli era el secretario de la Congregación para Asuntos Eclesiásticos Extraordinarios, llamada hoy Sección Segunda de la Secretaría de Estado para las

---

84   Johan ICKX, *Pio XII e gli Ebrei* (Milán, Rizzoli, 2021). El autor es director del Archivo Histórico de la Sección para las Relaciones con los Estados de la Secretaría de Estado del Vaticano. A lo largo del libro, estructurado en pequeños relatos que dan cuenta de grandes hechos, repasa y analiza algunas de las 2800 peticiones de ayuda llegados a Pío XII a las que respondió el papa o hizo que respondieran sus colaboradores. Son alrededor de 4800 personas que integran lo que llama *la lista de personas ayudadas por Pío XII*.

Relaciones con los Estados, en el que, a petición de los judíos de Estados Unidos, el Vaticano emitió una carta pública de apoyo a los que eran perseguidos en medio de la Primera Guerra Mundial.

La «leyenda negra» que pesa sobre Pío XII se articula en varias direcciones. El primer punto sostiene que durante aquellos años no hizo nada, se quedó como «mirando por la ventana», asistiendo a aquellas masacres, que no hubiera querido ver, limitándose a ignorarlas. Pero esto no es verdad, porque la serie archivística denominada «Ebrei» que se conserva en el archivo histórico de la Secretaría de Estado —y probablemente representa un verdadero y propio *unicum* en todo el mundo— demuestra la atención cotidiana con que, 24 horas sobre 24, el papa y las once personas de su *bureau*, se dedicaban al asunto, junto con los nuncios y otros colaboradores en el extranjero, para ayudar a los perseguidos en toda Europa.

Se trata de una serie archivística que contiene centenares de fascículos y miles de documentos. Cada fascículo cuenta la historia de una familia o de un grupo de perseguidos que, directamente o a través de intermediarios, pedían ayuda al papa. Se conservan cerca de 2800 peticiones de ayuda o intervenciones que se refieren a cerca 4000 hebreos entre 1938 y 1944.

Son documentos que nos hacen pensar cómo, durante las persecuciones y el exterminio promovidos por los nazis, se difundió en toda Europa la noticia de que Pío XII era para muchos la última esperanza. De esto hay muchos ejemplos en el libro de Ickx, pues hombres y mujeres que se encontraban en peligro en Milán, Praga o Budapest, consideraban que el verdadero y último recurso era dirigirse a Roma y pedir ayuda al papa. Para los hebreos era, pues, evidente y claro que Pío XII estaba de su parte y que él y su *staff* habrían hecho todo lo posible para salvarles.

El libro confirma la actividad del papa durante aquellos años para salvar tanto a cristianos como a hebreos, y este es otro particular que emerge del archivo y es poco conocido. En 1941, en todo el territorio alemán y en todos los estados ocupados, cambiaron las leyes raciales, pues en lugar de tomar la religión como criterio de persecución, fue adoptado un principio «étnico», o más bien genético, basado en la sangre: cualquiera que tuviera un antepasado hebreo, hasta la tercera generación era detenido y deportado.

Sobre el modo de actuar de la oficina de la Secretaría de Estado bajo la guía del papa Pacelli, hay que decir que, en pleno conflicto, los diplomáticos respondían a las peticiones de ayuda pero manteniéndose neutrales, para no excluir ningún canal de comunicación. Y, probablemente, fue precisamente esta intención de salvaguardar la imparcialidad en el conflicto la que empujó al papa a no publicar un documento de condena de las persecuciones, junto a los ingleses, americanos y soviéticos.

No hay que olvidar que los soviéticos, al principio de la guerra, todavía eran aliados de los Estados Unidos y de Inglaterra. La Santa Sede comprendió que en aquel momento no podía quemar su reputación poniéndose al lado de los soviéticos, y se limitó a actuar manteniendo una imparcialidad que podríamos llamar paralela.

Otro aspecto de la «leyenda negra» sobre Pío XII, desmentido por el libro de Ickx, es que durante decenios una cierta propaganda nos lo ha querido presentar incluso como el pontífice de Hitler, sin embargo, en los documentos aparece más bien como el pontífice de Roosevelt. Tanto es así que en varias ocasiones, monseñor Tardini, secretario para los Asuntos Extraordinarios, aparece irritado por la familiaridad con la que el presidente estadounidense se dirigía a Pacelli. Para la burocracia vaticana era insoportable esta relación tan personal, y eran realmente insólitas las cartas personales de Roosevelt dirigidas a Pío XII que se escapaban de los habituales protocolos diplomáticos. El contenido de todas esas comunicaciones tenía en ocasiones como intermediario al representante norteamericano Myron C. Taylor[85].

---

85 La corrispondenza tra il presidente Roosevelt e Papa Pio XII durante la guerra, editado por M.C. Taylor, (Milán 1948); edición española: Pío XII y Roosevelt. Su correspondencia durante la guerra. Con introducción y notas explicativas de Myron C. Taylor, representante personal del presidente de los Estado Unidos de América cerca de su santidad Pío XII (Madrid, Ediciones y Publicaciones Españolas, 1948; E. DI NOLFO, Vaticano e Stati Uniti. 1939-1952 (dalle carte di M.C. Taylor) (Milán 1978); Id., Dear Pope. Vaticano e Stati Uniti. La corrispondenza segreta di Roosevelt e Truman con Papa Pacelli (Roma

Uno de los documentos más sorprendentes que aporta el libro de Ickx, como he dicho anteriormente, es una carta del cardenal Gasparri, fechada el 9 de febrero de 1916, en la que se responde a una instancia del Comité Hebreo Americano de New York. Una carta que habría sido inspirada precisamente por Eugenio Pacelli, entonces secretario de la Congregación de Asuntos Extraordinarios, una especie de ministro de Asuntos Exteriores de la Santa Sede. Se trató de una petición de los hebreos estadunidenses al Vaticano para que el papa Benedicto XV tomara una posición ante las persecuciones raciales que ya habían comenzado durante la Primera Guerra Mundial. El secretario de Estado Gasparri respondió con esta carta, autorizando explícitamente la publicación. Los periódicos de las comunidades hebreas americanas lo reprodujeron definiéndolo con satisfacción como una verdadera y propia «encíclica». En el texto, los hebreos son definidos literalmente «hermanos» y se afirma que sus derechos han de ser tutelados como los de todos los pueblos.

Ese documento —que no hubiera sido posible publicar sin el visto bueno de quien entonces era el canciller vaticano, Pacelli— hace referencia a la primera vez que la Santa Sede se refiere a los judíos como hermanos y pide que sean tratados como cualquier otro pueblo, rechazando cualquier discriminación; es decir, que más de 20 años antes de ser elegido papa, ya se puede hablar de una doctrina pacelliana hacia los judíos, que representa un desafío a todos los autores que han puesto en tela de juicio el pontificado de Pío XII por su supuesto antisemitismo y se hace justicia a algunas tesis superficiales, incluso recientes, sobre el antisemitismo de la curia de Pío XII.

La actitud explícita de la Santa Sede cuando Eugenio Pacelli se ocupaba de los asuntos exteriores del Vaticano era que los hebreos son hermanos que han de ser respetados como cualquier otro pueblo. Podría decirse que este es el primer documento en la historia de la Iglesia católica y de la Santa Sede que expone este principio

2003); Roberto REGOLI, et al. (dir.), *La Santa Sede, gli Stati Uniti e le relazioni internazionali durante il pontificato di Pio XII: studi dopo l'apertura degli archivi vaticani (1939-1958)* (Roma, Studium, 2022).

y —dato significativo— son las mismas palabras que encontramos en la declaración *Nostra Aetate* del Concilio Vaticano II, publicado en 1965. Se trata precisamente de los principios que Pío XII aplicó durante su pontificado afrontando el gran desafío del nazismo y después del comunismo. Sabido es que dicha declaración aprobada por los padres conciliares y promulgada por san Pablo VI el 28 de octubre de 1965 marcó un punto de inflexión irreversible en las relaciones entre la Iglesia católica y el judaísmo tras los pasos dados por Juan XXIII, y cambió significativamente el enfoque del catolicismo hacia las religiones no cristianas.

El libro de Ickx recoge muchas historias dramáticas y peticiones de ayuda a las que a veces el Vaticano no estaba en condiciones de responder porque en una Europa en guerra las comunicaciones eran lentas y difíciles. Faltaban la fuerzas en el lugar de los hechos y, además, los nazis desarrollaban un trabajo de inteligencia para impedir que las peticiones de ayuda llegaran a buen fin. Esto se refleja en los sentimientos de amargura e impotencia expresados en muchas ocasiones por los componentes de la oficina Pío XII.

Las pruebas salen de los documentos, a veces amarillentos y empolvados del tiempo, y hoy podemos afirmar con absoluta certeza, tras la apertura de los archivos de Pío XII, que comienzan a aclararse las sombras y los misterios que permanecen sobre uno de los pontificados más discutidos de la historia reciente de la Iglesia. Gracias al estudio de los documentos, se puede repetir, sin temor a ser desmentidos, que el papa Pacelli ayudó a los hebreos de toda Europa a salvarse de la locura nazi y que denunció de forma inequívocable y decidida los crímenes cometidos por el Tercer Reich.

Un precedente significativo lo encontramos en la encíclica *Mit brennender Sorge*, impresa y publicada en 1937 directamente en Alemania y escrita en lengua alemana en lugar de en latín, con la que se condenaron tanto la praxis como la filosofía del nazismo y, posteriormente, durante la guerra, fueron numerosas sus condenaciones del mismo. Y esto lo confirma también la acción diplomática que encontramos en los despachos y notas verbales enviadas a las embajadas en los que las Santa Sede denunció siempre las brutalidades del Tercer Reich. Esto no se puede definir silencio, porque son palabras claras, sin medios términos. Muchos han dicho y escrito que Pío XII calló porque no quería salvar a los hebreos. Pero esto es una falsedad creada por propagandistas, porque en realidad sucedió todo lo contrario.

Hubo un momento realmente dramático en todo el pontificado de Pacelli y fue en marzo de 1943, cuando Berlín rechazó categóricamente una nota verbal diplomática en la que la Santa Sede indicó los abusos y crímenes de guerra cometidos en la Polonia ocupada. Quizá fue este el momento más difícil, porque tanto el papa como sus más estrechos colaboradores se dieron cuenta de que estaban «rodeados» y que, por parte de los nazis, había una verdadera y propia declaración de guerra contra la Iglesia católica; no solo contra los hebreos, sino también contra los católicos. Pero esto no se dijo ni se comunicó nunca externamente, ni tampoco a los embajadores, y quedó dentro de los muros de la Santa Sede.

PÍO XII ANTE LOS BOMBARDEOS DE ROMA

El 19 de julio de 1943 Roma fue bombardeada por cientos de aviones aliados que dejaron unos tres mil muertos y otros miles de heridos en varios puntos de la Ciudad Eterna, como el barrio de San Lorenzo. Mientras las bombas aún caían, Pío XII salió a las calles para dar consuelo, ayuda y esperanza a todos, no solo a los católicos; salió del Vaticano para abrazar a su pueblo en la zona bombardeada.

Desde las ventanas del Vaticano vio llegar a los aviones y advirtió el peligro. Las bombas nazis acababan de caer sobre Roma cuando Pío XII salió del Vaticano para encontrarse con la multitud en el céntrico barrio de San Lorenzo, blanco de los ataques alemanes. Italia estaba ya parcialmente invadida por las tropas de Hitler. El pontífice respondió impetuoso, pero inmediatamente después regresó al Palacio Apostólico y se dispuso a escribir al entonces presidente estadounidense Franklin Delano Roosevelt para que frenara la ofensiva germana. Fue un episodio más de la fluida comunicación que mantuvieron durante la Segunda Guerra Mundial ambos líderes, dos de los grandes maestros de la diplomacia del siglo XX.

Se podría afirmar que cuando Pío XII visitó el barrio de San Lorenzo entre los escombros y la desesperación, y en ausencia de las autoridades civiles y políticas, al abrir los brazos en señal de protección y consuelo, dejó simbolizada para siempre la extraordinaria tarea que la Iglesia desarrolló en aquellos años.

Ese día, Pío XII realmente se ganó el título de *Defensor Civitatis*, que se le conferiría luego. Existen imágenes de aquella ocasión y fue una coincidencia que ese día hubiera un bombardeo. Es bueno no confundir las imágenes filmadas con las poquísimas fotos del 19 de julio, que prueban que la llegada del pontífice fue realmente una sorpresa porque el bombardeo no había cesado del todo.

¿Quizás el pontífice habría debido ir al *ghetto de Roma el 16 de octubre de 1944, día de* la redada en la que fueron deportados 1024 judíos a los campos de exterminio nazi, *como había ido al barrio de San Lorenzo, bombardeado pocas semanas antes?* A esta pregunta respondió Paolo Mieli en la entrevista anteriormente citada, publicada por *L'Osservatore Romano* el 9 de octubre de 2008: «Sinceramente, esa parte de sangre judía que corre por mis venas me hace preferir un papa que ayuda a mis correligionarios a sobrevivir, más que uno que lleva a cabo un gesto demostrativo. Un papa que va a un barrio bombardeado es un papa que llora sobre las víctimas, efectúa un gesto de calor y afecto por la ciudad, mientras que su presencia en el *ghetto* podía ser controvertida. Ciertamente, con el juicio posterior se puede decir de todo, también —como se ha escrito— que habría sido justo que se hubiese arrojado sobre las vías para impedir que los trenes partieran. Pero pienso que se trató de juicios expresados a la ligera. Y además, sinceramente, sobre estos argumentos, reprochar a otro no haber hecho lo que nadie de los tuyos ha hecho, es un poco arriesgado. De hecho, a mí no me consta que exponentes de la resistencia antinazi romana hayan ido al *ghetto* o se hayan arrojado sobre las vías. Son discursos realmente poco serios».

Pío XII no quiso dejar Roma, ni siquiera cuando Hitler ordenó la operación Rabat, que buscaba raptarlo y llevarlo a Múnich para «obligarlo a firmar una encíclica a favor de los nazis». «Mi lugar está en Roma. Como siempre», decía el papa. El plano alemán, denominado *Rabat-Fohn*, que debía haber sido ejecutado en enero 1944, preveía que la octava división de caballería de las SS, disfrazada de italianos, asaltara San Pedro y ejecutase «el asesinato del papa con todos los cardenales en el Vaticano», y mencionaba específicamente como causa «la protesta pontificia en favor de los hebreos»[86].

Afirman algunos historiadores que Hitler ordenó en 1943 la destrucción del Vaticano y la deportación del papa Pío XII como represalia por la ayuda del pontífice a los judíos y por la oposición de la Iglesia al régimen nazi. El Führer montó en cólera tras la firma del armisticio entre el gobierno italiano del mariscal Badoglio y los aliados el 8 de septiembre de 1943, y ordenó al cuerpo de élite de las SS arrasar «a sangre y fuego» la Santa Sede. El líder nacionalsocialista habría dispuesto el traslado del papa al principado de Liechtenstein, donde debería haber permanecido como rehén de los alemanes. El plan no llegó a cumplirse gracias a la firme oposición del oficial que iba a dirigirlo: el general Karl Wolff, entonces comandante de las SS en Italia, quien logró disuadir a su superior[87].

Wolff declaró «haber recibido en 1943 la orden de Hitler de ocupar cuanto antes la Ciudad del Vaticano, poner al seguro los archivos y tesoros de arte, de valor único, y de trasladar al papa junto a la curia, para su protección, de modo que no cayeran en las manos de los Aliados y ejercieran alguna influencia política». A principios de diciembre de 1943 Wolff consiguió disuadir a Hitler de la actuación de este plan.

Los documentos vaticanos confirman que desde el comienzo de la guerra, el papa estaba continuamente informado y era consciente del peligro de un bombardeo sobre la Urbe. En el archivo histórico de Sección Segunda de la Secretaría de Estado para las Relaciones

---

86 Esta noticia proviene de documentos fascistas, publicados en 1998 y resumidos en el libro de M. MARCHIONE *Pio XII. Architetto di pace* (Roma, Editoriale Pantheon, 2000).

87 El exprimer ministro italiano Giulio Andreotti defendió la validez de esta noticia en una intervención que pronunció el 22 de agosto de 2001 en el mitin del Movimiento Católico «Comunión y Liberación», que se concluyó en Rimini, en el norte de Italia. Andrea TORNIELLI la recogió en su libro *Pio XII. Il Papa degli ebrei* (Milán Piemme, 2001), en el que historiadores y estudiosos citaban testimonios y documentos de la etapa de la ocupación nazi de Roma. Entre ellos figura Antonio Gaspari, autor de *Los judíos, Pío XII y la Leyenda Negra*, en el que se narran testimonios de judíos que fueron salvados en Roma de la persecución nazi-fascista, gracias a la ayuda de hombres y mujeres de Iglesia, por petición misma del papa.

con los Estados se conservan ocho volúmenes titulados *La salvezza di Roma*: es una serie en la que están descritas todas las operaciones y cuentan el intenso trabajo de Tardini para evitar un bombardeo no solo sobre Roma, sino también sobre otras ciudades como El Cairo o Atenas, según consta en la circular del 16 de marzo de 1944, con la que Maglione informó a los nuncios sobre el bombardeo de Roma de dos días antes[88]. Se trabajó a los más altos niveles diplomáticos para evitar que ciudades como estas fuesen destruidas.

Desde el punto de vista diplomático, las relaciones del Vaticano con la Alemania nazi fueron siempre muy tensas. Se sabía que la Nunciatura Apostólica de Berlín ya no era un lugar seguro porque estaba siendo controlada por los servicios de inteligencia nazi. Estas relaciones se endurecieron todavía más a raíz de las persecuciones contra el clero alemán y austríaco. El campo de concentración de Dachau nació precisamente para internar, junto a los comunistas y a los sindicalistas, a los que los nazis consideraban «clero subversivo», es decir, los opositores del nazismo. Los jesuitas estaban convencidos de que después de los hebreos, les habría tocado a ellos porque estaban considerados como los militares del papa.

Pero fueron precisamente los jesuitas los agentes que Pío XII empleó para misiones secretas con los Soviets, de las que se encuentran testimonios en los archivos de la Santa Sede —cartas de los años 1946-47— sobre viajes de algunos jesuitas entre Roma y Budapest en una época en la que no era fácil viajar por Europa, porque el objetivo del papa era abrir un diálogo con los Soviets para encontrar un eventual *modus vivendi*, ya que para el pontífice, la suerte de los pueblos era primaria con respecto a cualquier ideología. Un diálogo no fácil que llevó a la prensa soviética a alimentar la mentira de sus «silencios» y de su indiferencia ante la Shoah.

---

88   Archivo Apostólico Vaticano, *Arch. Nunz. Madrid* 979, f. 558; copia Íbid., 1366, f. 311.

PÍO XII, SALVADOR DE ITALIA

Los cinco años que van desde la caída del fascismo en 1943 hasta las elecciones del 18 de abril de 1948, que salvaron a Italia de caer bajo el yugo del comunismo, no fueron una crisis sin precedentes, sino que se trató incontestablemente de una crisis muy seria y a la vez política, económica y social, porque Italia se encontraba confrontada a la vez a los daños materiales causados por la guerra y con el problema de la reconstrucción del Estado democrático después de veinte años de régimen totalitario. Bajo la dirección enérgica de Pío XII, la Iglesia jugó en el desarrollo de esta crisis un papel decisivo.

En Italia estuvieron siempre entrelazados lo religioso y lo político, ya que es un país en el que la Iglesia está tan íntimamente ligada a su historia y ocupa un lugar tan importante en su estructura social que esta juzgaba legítima su intervención en los problemas políticos, entendido el término «político» en su concepción más elevada, que es el de la concepción del papel de la Iglesia en la sociedad y de la idea que se hizo de una sociedad cristiana, y no en su sentido corriente, es decir, la acción política concreta, comenzando por la conquista del poder mediante las elecciones.

Tras la caída del fascismo, la Iglesia sostuvo el gobierno transitorio del mariscal Badoglio; se opuso netamente a la república de Saló, con alguna rara excepción; mantuvo relaciones delicadas con la Resistencia, en la cual se comprometieron numerosos sacerdotes, y trató de recristianizar la sociedad, sobre todo mediante la Acción Católica, a la que el papa dio en 1946 un nuevo estatuto en el que, reconociendo teóricamente la responsabilidad de los laicos, limitó mucho sus iniciativas reforzando el control de los obispos y de los consiliarios eclesiásticos.

Se hicieron grandes esfuerzos para preparar a los católicos para sus responsabilidades como ciudadanos y para formar una élite que pudiera empeñarse en la política o en la acción sindical, y que pudiera inserirse en los órganos de dirección del país. Sin estar ligada estructuralmente a la Acción Católica, el mejor instrumento de formación fue la Universidad Católica del Sagrado Corazón de Milán, aunque no fue el único, porque ya antes de la guerra la FUCI (*Federazione Universitaria Cattolica Italiana*) de Montini había sido una buena escuela de preparación de futuros dirigentes políticos.

Consciente del error cometido en 1870, la Iglesia comprendió que para defender los valores en peligro era necesario conducir la ofensiva; el clero tenía que salir de las sacristías y multiplicar sus predicaciones y sus acciones caritativas de todo género, a la vez que organizar a los laicos en vista de una lucha considerada como eminentemente religiosa y que se convertía en política solo como consecuencia de lo religioso. Por tanto, un clero en primera línea y un laicado combativo, con militantes preparados para la Acción Católica, dispuestos a afirmar por todas partes la presencia de la Iglesia, sobre todo en el mundo obrero, gracias a la organización de sindicatos cristianos para protegerlos del empuje comunista. Esta movilización no estuvo inspirada por el deseo de imponer el poder temporal de la Iglesia, pues ella miraba a conquistar los espíritus y las almas para Cristo, sino porque Italia era ya una democracia parlamentaria y se trataba de conquistar a los italianos para el Partido Demócrata Cristiano.

La Santa Sede, después de un breve momento de indulgencia hacia los católicos comunistas, optó por sostener masivamente a la Democracia Cristiana (D.C.), después de la crisis de confianza de 1946-47, provocada porque juzgaba a la D.C. demasiado abierta hacia la izquierda y demasiado débil en la defensa de los intereses católicos. El compromiso abierto de la Iglesia en la campaña electoral de 1948 para la elección del primer parlamento de la República tuvo tal amplitud que superó notablemente el apoyo que ella había dado a la D.C. tras las elecciones de 1946; un apoyo que parecía excesivo, ya que las amenazas contra la religión no eran en aquel momento tan grandes como se hizo creer.

Bajo la dirección de Luigi Gedda, la Acción Católica se empeñó a fondo para conseguir que la D.C. tuviera mayoría absoluta. Gracias a que De Gasperi consiguió mantener la autonomía de su partido, esta victoria no fue la de un clericalismo y no llevó a la instauración de un Estado confesional soñado por Gedda y por una parte de las autoridades eclesiásticas; ciertamente no por el presidente de la A.C., Vittorino Veronese, ni por Mons. Montini. Lo demuestra muy bien el rechazo opuesto por De Gasperi a entenderse, según el deseo de Pío XII, con Gedda, con la derecha y con los neofascistas. Desde el mes de mayo de 1948, la formación de un gobierno de coalición hizo exclamar al socialista Nenni: «Italia ya no vestirá más la sotana negra».

El artífice de todo esto fue Pío XII, que consiguió empeñar masiva y sistemáticamente a la Iglesia en la campaña electoral con el deseo de conseguir para la Democracia Cristiana una victoria mayoritaria que le evitara gobernar en colación con otros partidos y, sobre todo, evitar la victoria del comunismo, que hubiera llevado a la nación a las mismas condiciones que tuvieron los países de la Europa del Este durante casi cincuenta años.

La tan conocida intervención de Pío XII para evitar la victoria del comunismo en Italia y para asegurar la victoria de la Democracia Cristiana en la prueba electoral del 18 de abril de 1948, constituye para una nutrida corriente historiográfica la cumbre y, al mismo tiempo, la prueba irrefutable de su carácter político, en virtud del cual la vida espiritual de la Iglesia quedó reducida a la dimensión política.

Pero, en realidad, se trató de una experiencia excepcional, como el mismo papa declaró a fines de marzo de 1948 a los miembros de la Sociedad Francesa de Ciencias Políticas, recibidos en audiencia: la tarea normal de los católicos no es hacer política partidista, sino más bien saberse mantener con sabiduría por encima de las partes, incluso manteniendo con firmeza la unidad en los puntos esenciales de la justicia y la caridad. La contradicción se disuelve cuando se considera que la lucha del 18 de abril, que tuvo como objetivo polémico al comunismo, se encuadró en un contexto más general, para construir un orden más justo y ecuánime del mundo, basado en el cristianismo. Este orden, que fue definido en una correspondencia de 1947 con el presidente de los Estados Unidos, Truman, como democrático, retomó el camino de la democracia en el punto en el que ha sido interrumpido al final del siglo XIX, cuando las discordias entre las dos tendencias de la democracia, la laica y la cristiana, provocaron no solo su parálisis, sino que dejaron vía libre al nacional-imperialismo, fuente de la Primera Guerra Mundial.

Pío XII fue el líder indiscutible del catolicismo y la más significativa autoridad moral del país. Sin embargo, ante las transformaciones de la sociedad italiana durante el decenio que siguió al final de la guerra (con una modernización que modificó profundamente la situación económica y los equilibrios sociales del país y que revolucionó también las costumbres y las mentalidad de la gente), es decir, ante la modernización, la urbanización y la industrialización así como el apogeo del comunismo, Pío XII, aunque en cierto sentido estaba abierto a la sociedad moderna, fue todavía prisionero de esquemas interpretativos inadecuados y no captó los dinamismo; mientras, los obispos, insensibles en su mayoría a la evolución del clima cultural y nostálgicos de un retorno a la restauración de la sociedad cristiana, acentuaron el carácter confesional de la vida pública gracias a la movilización de las masas católicas; los obispos italianos dieron una respuesta política a problemas que ponían a otro nivel y Pío XII debilitó su autoridad al reforzar el centralismo de su gobierno y el control sobre la Acción Católica con iniciativas pastorales y caritativas que partían del mismo papa. En este sentido jugó un papel decisivo en los años cincuenta el jesuita Lombardi, cuyas principales ideas correspondían a la sensibilidad del pontífice. Él trató de unificar las ingentes fuerzas católicas italianas, minadas por el fraccionamiento.

PÍO XII Y EL ESTADO DE ISRAEL

La evolución de las relaciones entre la Iglesia y el hebraísmo a lo largo del siglo XX y, más en concreto, entre la Santa Sede y el Estado de Israel desde los años cuarenta es un tema muy complejo, porque abarca aspectos religiosos, éticos, jurídicos y políticos. Cada una de las dos partes ha fundado sus comportamientos sobre la base de principios y de juicios de valor, con finalidades que deseaba conseguir, que en parte podían converger y en parte divergir. Uno de los factores que hacen complejo el argumento es la misma complejidad de las dos partes: el Estado de Israel y la Santa Sede.

Para describir la complejidad del Estado de Israel es suficiente formular algunas preguntas: ¿desde cuándo ha sido deseado y pensado por el movimiento sionista, y después realizado con la declaración de independencia (1948)? Y todavía hoy, ¿el Estado de Israel es un Estado para los hebreos o un Estado hebreo? ¿Cómo se debe definir el ser hebreo? ¿Indica la profesión de una religión? ¿Un origen familiar? ¿La pertenencia a un grupo o a una cultura? ¿O el conjunto de todos estos elementos juntos? Las relaciones entre estas dos partes tan complejas —Santa Sede e Israel— han estado (y, en cierta medida, siguen estando) condicionadas por una serie de problemas reconducibles a dos dimensiones: la religiosa y la ético-política.

Desde el punto de vista religioso, los problemas se refieren, por ejemplo:

- a las relaciones entre hebraísmo e Iglesia católica;
- a la presencia de católicos en el área geográfica en la que ha nacido el Estado de Israel;
- a la situación de las comunidades católicas en toda la región medio-oriental, que son comunidades minoritarias situadas en un ambiente que era hasta no hace mucho tiempo evidentemente hostil al Estado de Israel;
- a la presencia en los territorios del Estado de Israel de lugares santos para la cristiandad y para las otras dos religiones monoteístas,
- y al *status* de la parte históricamente más sagrada de la ciudad de Jerusalén, que es, sustancialmente, la parte que está intramuros.

Desde el punto de vista de la dimensión ético-política, los problemas más acuciantes son, por ejemplo: el estado de guerra, todavía no completamente superado entre Israel y los Países árabes; la ocupación militar de territorios no israelitas por parte de las tropas de Israel, y los movimientos forzados o no espontáneos y libres de poblaciones.

Es necesario reconocer que el influjo ejercido por estos problemas sobre las relaciones entre la Santa Sede y el Estado de Israel se ha diferenciado según los acontecimientos, la sensibilidad del momento y también la evolución de la reflexión en el interior de la misma Iglesia católica hacia el pueblo hebreo.

La entrada en Jerusalén de las tropas británicas el 9 de diciembre de 1917 fue saludada en Roma con repique de campanas para celebrar el final del dominio musulmán sobre la Ciudad Santa. La Santa Sede hubiera preferido otras soluciones, pero aceptó el mandato británico sobre Palestina como un mal menor de momento y reconoció, de hecho, que entre 1920 y 1945, Gran Bretaña había realizado bien su misión.

El nacimiento del Estado de Israel el 15 de mayo de 1945 fue visto con preocupación por el Vaticano por una serie de razones. Mons. Tardini lo consideró un error histórico, geográfico y religioso. La actitud vaticana no nacía de prejuicios antisemitas, sino de la pre-ocupación de asegurar la tutela de los Santos Lugares y la protección de los católicos —en su mayoría árabes— difundidos por toda Palestina.

El nacimiento del nuevo Estado podía ser aceptado a condición de que estos dos objetivos fuesen conseguidos del modo más eficaz. La guerra de 1948, con las inevitables consecuencias negativas sobre los edificios cristianos de Jerusalén, provocó en efecto tensiones, terminadas solamente en 1955 con las reparaciones por parte de Israel, pero también después siguieron abiertas varias cuestiones, unas pequeñas (dificultades puestas a la actividad del clero católico en Tierra Santa) y otras más generales.

El 19 de diciembre de 1949 la ONU reconfirmó la «resolución 181» sobre la internacionalización de Jerusalén contra la concorde voluntad de israelitas y jordanos. Israel, aceptado internacionalmente con su entrada en las Naciones Unidas en mayo de 1949, se opuso por razones teóricas y prácticas que se fundaban en que la ciudad, por motivos ideales e históricos, era considerada la capital natural del nuevo Estado, y en los años sucesivos se realizaron notables esfuerzos para instalar en Jerusalén los principales órganos de gobierno. Los motivos prácticos eran las dificultades concretas de la eventual actuación del proyecto.

La Santa Sede, durante algún decenio, siguió pensando que este proyecto era el camino mejor para conseguir los dos objetivos citados. Pío XII lo apoyó en tres encíclicas cronológicamente próximas: *Auspicia quaedam* (1 de mayo de 1948), *In multiplicibus curis* (24 de octubre de 1948), *Redemptoris nostri cruciatus* (15 de mayo de 1949) y con la exhortación apostólica *Solemnibus documentis* (8 de noviembre de 1949).

Las relaciones entre la Santa Sede e Israel fueron desde entonces más difíciles y vanos resultaron todos los intentos de acercamiento hechos por una y otra parte. Además, el problema era mucho más complejo, pues se insertaba en un tejido diplomático más vasto, en el que entraron en juego diversos factores, los intereses de diversas partes, y los conflictos y ambiciones de varias potencias y de numerosos grupos: los árabes, el bloque soviético, Francia, los Países latinoamericanos, etc.

Los años más tensos fueron probablemente los del período 1948-58. En concreto, después, la internacionalización habría podido asumir diversas formas, una más limitada y otra más amplia. Entre tanto, Israel aceleraba la integración de Jerusalén con el Estado hebreo. Pablo VI, con su proverbial prudencia, por una parte reconoció los derechos y las legítimas aspiraciones del pueblo palestino, pero se refirió también en el discurso dirigido al colegio cardenalicio el 22 de diciembre de 1975 al propio Estado soberano e independiente en el que el pueblo hebreo había buscado un refugio seguro y protegido.

El problema de fondo, efectivamente, estaba siendo otro, pues ya no se pensaba solo en la tutela de los Santos Lugares, sino también en los derechos de los palestinos y su organización definitiva. Después, la Santa Sede fue disolviendo poco a poco los temores y reservas del pasado, y comenzó un progresivo proceso de reconocimiento de hecho, unido al respeto debido a un Estado y a su derecho a la seguridad. Algunos acontecimientos contribuyeron, por una parte, a consolidar este proceso y, por otra, lo hicieron manifiesto: la presencia de delegaciones israelitas en los funerales de Pío XII (1958), en la apertura del Vaticano II (1962), en los funerales de Juan XXIII (1963) y visitas de jefes de gobiernos y ministros en los años sucesivos. Todo ello supuso un reconocimiento implícito, pero siempre un reconocimiento.

En resumen, puede decirse que, en el Vaticano, cada una de las fuertes personalidades responsables dio su propia aportación complementaria: Tardini, de forma muy concreta y realista; Montini, con una visión más abierta y elástica; Pío XII, Pablo VI y Juan Pablo II, con una línea general correspondiente cada vez a la situación concreta del momento (diversa en los años cincuenta, sesenta y ochenta).

LA POLÉMICA OBRA DE KERTZER, QUE DESCUBRIÓ EN LOS ARCHIVOS DEL VATICANO «SECRETOS ASOMBROSOS»

Kertzer[89] retrata a un pontífice tímido que no estaba impulsado por el antisemitismo, sino más bien por la convicción de que la neutralidad del Vaticano era la mejor y única manera de proteger los intereses de la Iglesia católica mientras la guerra hacía estragos. Este profesor de antropología y estudios italianos en la Universidad de Brown, sugiere que la principal motivación de Pío XII era el miedo: miedo por la Iglesia y los católicos en los territorios ocupados por los alemanes si, como creyó hasta el final, el Eje ganaba; y miedo a que el comunismo ateo se extendiera por la Europa cristiana si el Eje perdía.

Para apaciguar ese temor, escribe Kertzer, Pío XII trazó un curso extremadamente cauteloso con el fin de evitar el conflicto con los nazis a toda costa. Dio órdenes directas al periódico vaticano *L'Osservatore Romano* de no escribir sobre las atrocidades alemanas y de asegurar una cooperación sin fisuras con la dictadura fascista de Mussolini.

Eso significaba no decir nunca una palabra en público para denunciar explícitamente las masacres de las SS, incluso cuando los judíos eran acorralados justo fuera de los muros del Vaticano, como

---

89 David KERTZER, *Un Papa in guerra - La storia segreta di Mussolini Hitler e Pio XII* (Milán, Garzanti, 2022)

ocurrió el 16 de octubre de 1943, y puestos en trenes con destino a Auschwitz.

Kertzer concluye que Pío XII no fue «el Papa de Hitler», según el provocador título de la obra de Cornwell, pero tampoco fue el campeón de los judíos que los partidarios del papa sostienen. El autor intenta tomar una posición entre los polos anteriores de la interpretación histórica.

Anteriormente, las opciones eran que Pío XII era profundamente simpatizante de los nazis, ansioso de una victoria nazifascista, obsesionado con la derrota de los soviéticos a toda costa, y un antisemita declarado.

La otra posición historiográfica sostenía que Pío XII hizo todo lo que estuvo a su alcance para ayudar a los que sufrían bajo la opresión nazi y fascista, y que simplemente se vio limitado por las circunstancias.

Kertzer alega que los documentos descubiertos dan una imagen más matizada de Pío XII y no lo muestran ni como el monstruo antisemita a quien con frecuencia denominaban ni como un héroe. Según Kertzer, la insistencia en proteger la reputación de Pío XII es reflejo de una resistencia más amplia en Italia —y entre los defensores del Vaticano— a aceptar su complicidad en la Segunda Guerra Mundial, el Holocausto y el asesinato de los judíos de Roma.

Los historiadores de Leonardis, Napolitano e Ickx han desmontado las tesis de Kertzer sobre presuntas «simpatías» de Pacelli por el nazismo. Más bien Pacelli fue cercano a Roosevelt.

L'Osservatore Romano publicó una página completa en junio de 2022 asegurando que las novedades que Kertzer presenta, especialmente una larga y secreta negociación entre Hitler y Pío XII para alcanzar un acuerdo de no agresión, eran ya conocidas.

El Vaticano publicó también en junio de 2022 de forma *online* una parte de los archivos del período de Pío XII que se refiere a casi 2700 peticiones de ayuda entre 1939 y 1948 de familias y grupos judíos, muchos de ellos bautizados católicos, que forman parte de los 170 volúmenes de los archivos reservados del pontificado de Pío XII.

Los nuevos documentos, unos 40 000 archivos digitales, atestiguan cómo «entre los pasillos de la institución al servicio del pontífice se trabajaba sin parar para ayudar a los judíos de forma concreta —aseguró el secretario para las Relaciones con los Estados, Mons. Paul Richard Gallagher—. Se pierde el rastro de la correspondencia que se mantuvo. Pero muchos de ellos —la mayoría fueron judíos convertidos al catolicismo— sobrevivieron y la Santa Sede da a entender que fue por la intervención vaticana».

Al final, paradójicamente, tendremos que «agradecer» a cuantos se obstinan en acusar a Pío XII de un «silencio culpable» sobre la Shoah y de (inexistentes) simpatías hacia la Alemania nazi. Sí, porque quienes alardean con tanta prisa de sus escritos, como si fueran fruto de nuevas investigaciones en los archivos vaticanos recientemente abiertos a los investigadores, son un estímulo para afrontar estudios rigurosos y profundos que demuestren con documentos en la mano que ciertas leyendas negras carecen totalmente de fundamento.

Son inadvertencias que ponen en tela de juicio la autenticidad de las fuentes efectivamente consultadas para la redacción del libro, fruto —según el autor— de investigaciones sobre los documentos conservados en los archivos vaticano abiertos desde hace poco. En realidad, como ha hecho notar Emilio Artiglieri, presidente del comité organizador del convenio sobre «Papi per la pace in tempi di guerra - Da Benedetto XV e Pio XII a Francesco», celebrado en Roma el 22 de junio de 2022 por iniciativa del «Comité Papa Pacelli - Associazione Pio XII»: «Sería suficiente verificar en los registros de entrada del Archivo Apostólico Vaticano y en el de la Segunda Sección de la Secretaría de Estado si Kertzer estuvo trabajando realmente en ellos, dado que habiendo sido abiertos el 2 de marzo del 2020, fueron cerrados una semana después al llegar el "covid", y abiertos muchos meses más tarde, pero con muchas limitaciones sobre el número de estudiosos que podían acceder a ellos. En cualquier caso, la verdad sobre Pío XII se está imponiendo, aunque con paso lento».[90]

90 Estos son los comentarios que hizo Mimmo MUOLO, «Le singolari "sviste"

«NOSOTROS RECORDAMOS: UNA REFLEXIÓN SOBRE LA SHOAH»

En aquellas tierras en las que el nazismo inició la deportación en masa, la brutalidad que acompañaba esos movimientos forzados de gente inerme, tenía que haber despertado las peores sospechas. ¿Ofrecieron los cristianos toda posible asistencia a los perseguidos y en particular a los judíos? Muchos lo hicieron, pero otros no. Aquellos que ayudaron a salvar a cuantos judíos les fue posible, hasta el punto de poner sus vidas en peligro mortal, no deben ser olvidados.

Los últimos años del pontificado de Pío XI —en los que tuvo de secretario de Estado al futuro Pío XII— se caracterizaron por sus enérgicas condenas de los dos totalitarismos del momento —el comunista y el nazi— y entre sus gestos más clamorosos está su salida a Castel Gandolfo en los días en que llegaba Hitler a Roma y la encíclica contra el racismo, que no llegó a ser publicada debido a la inesperada muerte del papa. Este documento habría provocado una grave alteración en muchas conciencias, aunque probablemente no habría frenado a Hitler.

Durante la guerra y después de la misma hubo comunidades y personalidades judías que manifestaron su gratitud por todo lo que

di David Kertzer su Pio XII e Hitler»: *Avvenire*, 23 junio 2022.

se había hecho por ellas, incluido lo que Pío XII hizo personalmente o a través de sus representantes para salvar a cientos de miles de judíos. Muchos obispos, sacerdotes, religiosos y laicos han sido honrados por este motivo por el Estado de Israel.

Miles de judíos fueron salvados por sacerdotes, religiosos y laicos católicos. Muchos testimonios de los supervivientes dan fe de ello. Por ello, no puede decirse que la Iglesia católica no estuvo a la altura de las circunstancias históricas. Es muy difícil mirar con los ojos de hoy los sucesos de la Segunda Guerra Mundial, y aún más complicado es intentar juzgar el comportamiento de los hombres que entonces gobernaban las naciones en conflicto, por ello es difícil decir si el comportamiento de todos los hijos de la Iglesia estuvo a la altura de la situación.

Ciertamente, Pío XI y Pío XII hicieron todo lo posible por garantizar la paz, por condenar el racismo, por denunciar la violación de los derechos de los hombres y por ayudar de toda forma a las víctimas de la persecución y la guerra.

Muchos de los «héroes desconocidos» que arriesgaron sus vidas por salvar a los judíos lo hicieran en total silencio. No lo han ostentado, y solo con gran reserva han contado los sucesos de aquellos años. Esto demuestra la verdadera caridad.

A pesar de eso, a pesar de esos valientes hombres y mujeres, la resistencia espiritual y la acción concreta de otros cristianos no fue, en términos mayoritarios, la que cabía esperar de unos discípulos de Cristo. No podemos saber cuántos cristianos en países ocupados o gobernados por las potencias nazis o por sus aliados constataron con horror la desaparición de sus vecinos judíos y, sin embargo, no fueron lo suficientemente fuertes como para levantar sus voces de protesta.

En la carta dirigida al cardenal Edward Idris Cassidy, presidente de la Comisión para las Relaciones Religiosas con el Judaísmo, el 12 de marzo de 1998, Juan Pablo II dijo que en numerosas ocasiones, a lo largo de su pontificado, había evocado con profundo dolor los sufrimientos del pueblo judío durante la Segunda Guerra Mundial y que el crimen que ha llegado a conocerse como la *Shoah* representa una mancha indeleble en la historia del siglo XX.

Ante este horrible genocidio, que a los responsables de las naciones y las mismas comunidades judías les costó trabajo creer en el momento en que estaba siendo perpetrado de forma tan inmisericorde, nadie puede permanecer indiferente, y menos aun la Iglesia, debido a sus estrechos lazos de parentesco espiritual con el pueblo judío y al recuerdo que guarda de las injusticias del pasado.

En el documento «Nosotros recordamos - Una reflexión sobre la Shoah», existe una nota extensa en defensa de Pío XII[91]. Este documento es muy claro porque en él se distingue apropiadamente la diferencia que existe entre el antijudaísmo, que tiene diferentes raíces en el universo cristiano, y el antisemitismo, condenado desde un inicio por la Iglesia. Pocos saben que existe una declaración de la Congregación de Santo Oficio, de marzo de 1928, en la que se condena el antisemitismo. Existe, además, el documento de los obispos alemanes contra el racismo. Los prelados habían decidido no dar los sacramentos a quien adhiriera al partido nazi.

Muchos cristianos formaron parte del partido nazi y abrazaron las tesis antisemitas, pero en ese caso traicionaron su fe, tal y como sucedió con algunos hebreos que colaboraron con el exterminio de sus propios hermanos, traicionando a su fe y a su pueblo. La Iglesia no puede sentirse responsable de la traición de un católico al bautismo, aunque lo deplora.

---

91 He tomado estos datos esenciales del documento: «Nosotros recordamos: una reflexión sobre la Shoah», que la Comisión para las Relaciones Religiosas con el Judaísmo hizo público en marzo de 1998, porque es un texto clave para entender las relaciones actuales entre la Iglesia católica y los hebreos, ya que en él se reconoce abiertamente que el siglo XX ha sido testigo de una indecible tragedia que jamás podrá ser olvidada: el intento del régimen nazi de exterminar al pueblo judío, con la consiguiente matanza de millones de judíos. Hombres y mujeres, viejos y jóvenes, niños e infantes, solo por ser de origen judío, fueron perseguidos y deportados. Algunos fueron asesinados sin más, otros fueron humillados, maltratados, torturados y privados totalmente de su dignidad humana y finalmente ejecutados. De todos aquellos que fueron internados en los campos de concentración, muy pocos sobrevivieron, y los supervivientes quedaron traumatizados para toda su vida. Esta ha sido la Shoah: uno de los mayores dramas de la historia del siglo XX, un acontecimiento que nos sigue cuestionando.

Algunas reacciones al documento vaticano «Nosotros recordamos: una reflexión sobre la Shoah» volvieron a relanzar las acusaciones contra la actuación de Pío XII durante la II Guerra Mundial por no haber hecho cuanto, según algunos, era su deber para salvar algunas naciones de la guerra y, sobre todo, por no haber condenado explícitamente el exterminio de los hebreos por parte de los nazis.

Aunque en el título se la califica meramente como «una reflexión», es, como documento de la Comisión para las Relaciones Religiosas con el Judaísmo, la Declaración católica oficial sobre la Iglesia y el Holocausto. Se trata sin duda de una presentación hábilmente construida, cuidadosamente redactada y delicadamente calibrada. En una larga nota al pie, se incluyen reacciones judías positivas a «la sabiduría de la diplomacia del papa Pío XII». Pero para los judíos es improbable que esta sea la última palabra sobre el tema. En la sección final de la declaración, «Mirando juntos hacia un futuro común», hay palabras que advierten a todos los católicos —en realidad, a todos los cristianos— sobre la necesidad del arrepentimiento al reflexionar sobre el Holocausto. Sin embargo, de alguna manera, la distinción efectuada y demasiado convenientemente utilizada, entre «la Iglesia en cuanto tal» y «las faltas de sus hijos e hijas» se sigue manteniendo, y así persiste también el sentimiento de inquietud de muchos judíos. Se encuentran allí, por supuesto, expresiones como «profundo respeto y gran compasión», «nuestro dolor por la tragedia» y «conciencia de los pecados del pasado», pero permanece en pie una pregunta insistente. Quizá no sea más que la pregunta de alguien que, a la luz de otras declaraciones de la Iglesia católica, esperaba mucho más. La pregunta es: «¿Se dijo todo lo que debería haberse dicho?».[92]

---

92 Tras la publicación del documento vaticano sobre la Shoah el 16 de marzo de 1998, el caso Pío XII suscitó inusitadas reacciones en el mundo hebreo: el periódico israelí *Maariv* escribió que «el documento ha sido una ocasión perdida para condenar el silencio de Pío XII» (Michele GIORGIO, «Occasione sprecata, la Chiesa ha parlato troppo poco e tardi», *Il Mattino*, 18 de marzo de 1998, p. 9). Micheal Zagor, historiador de la Universidad de Tel-Aviv, sostuvo que Pío XII «era un filoalemán que amaba Alemania, sin hacer distinción entre la Alemania clásica y la nazi». Para Efraim Zuroff,

Fueron acusaciones injustas a las que solo se podía rebatir eficazmente documentando cuanto la Santa Sede había hecho durante los años de la guerra en favor de todos los que estaban en peligro de vida o de los que, de cualquier manera, sufrían a causa del conflicto.

del Centro Wiesenthal de Jerusalén, «el antijudaísmo de la Iglesia preparó el terreno al Holocausto». El *Jerusalem Post* escribió que el documento «es más bien desilusionante porque no trata la responsabilidad de la Iglesia como institución y la de Pío XII, el papa que calló sobre las persecuciones de judíos durante la Segunda Guerra Mundial» («Uniti contro l'oblio – così la stampa italiana e straniera ha reagito al documento vaticano», *Avvenire*, 18 de marzo de 1998, p. 20). El rabino jefe asquenazi de Israel, Meir Lau, definió el texto de «inaceptable» porque no se hablaba del «silencio del papa Pacelli, que no movió un dedo para salvar lo que se podía» («La delusione di Israele», *L'Unità*, 17 de marzo de 1998, p. 9.). Abraham Foxman, director nacional de la Anti Defamation League, declaró: «El documento está vacío. Una apología, llena de racionalizaciones, de Pío XII y de la Iglesia. Se asume poca responsabilidad moral e histórica por las enseñanzas antijudías de la Iglesia católica.» («La delusione di Israele», *L'Unità*, 17 de marzo de 1998, p. 9). El premio Nobel de la paz, Elie Wiesel, superviviente de Auschwitz, ha dicho: «Sostener que nosotros los judíos deberíamos estar agradecidos a Pío XII me suena un poco a herejía» (Alessandra Farkas, «L'ira di Wiesel: "Il genocidio è nato nel cuore della cristianità"», *Corriere della Sera*, 17 de marzo de 1998).

RESUMEN DE ALGUNOS HECHOS
Y DATOS IRREFUTABLES

Las acusaciones contra Pío XII comenzaron en grande desde el 1963. Antes de esta fecha, sus esfuerzos a favor de los judíos eran ampliamente reconocidos. Si alguien tiene dudas sobre la veracidad de estos datos, puede investigar las fuentes, ya que todos se pueden verificar, pues en muchos casos se trata de acontecimientos que fueron publicados en los periódicos de la época y desmintieron puntualmente las calumnias.

El examen honesto y escrupuloso de las fuentes demuestra que Pío XII fue un crítico tenaz del nazismo. Basta considerar solo algunos puntos salientes de su oposición antes de la guerra:

- De los 44 discursos pronunciados por Pacelli en Alemania como nuncio entre 1917 y 1929, 40 denunciaban al aspecto de la emergente ideología nazista.
- A algunos amigos les dijo en privado que los nazis eran «diabólicos». Hitler «está completamente loco —dijo a la que fue durante mucho tiempo su secretaria, sor Pasqualina—. Todo lo que no le sirve, lo destruye [...]; este hombre es capaz de pisotear los cadáveres».
- En 1930, el año en que fue nombrado secretario de Estado, se fundó la *Radio Vaticana*, puesta fundamentalmente bajo su

control. Mientras *L'Osservatore Romano* publicaba intervenciones discontinuas, que fueron mejorando a medida que Pacelli se fue haciendo cargo gradualmente del periódico —por ejemplo, dando la noticia sobre la *Kristallnacht*, la «Noche de los cristales», en 1938 —, la radio se comportó siempre bien, con transmisiones polémicas hasta el punto de pedir a los oyentes que rezaran por los hebreos perseguidos en Alemania tras las leyes de Nuremberg de 1935.

- Encontrando en 1935 al heroico antinazi Dietrich von Hildebrand, declaró: «No puede haber reconciliación [entre cristianismo y racismo nazi: son como el agua y el fuego».

- En marzo de 1935 escribió una carta abierta al arzobispo de Colonia en la que llamaba a los nazis «falsos profetas con el orgullo de Lucifer».

- Aquel mismo año, atacó las ideologías «poseídas de la superstición de la raza y de la sangre» ante una gran cantidad de peregrinos en Lourdes.

- En Notre Dame de París, dos años después, llamó a Alemania «aquella noble y potente nación que malos pastores querrían llevar fuera del camino hacia la ideología de la raza».

- En 1938 contribuyó a preparar la encíclica *Mit brennender Sorge* (1937), en la que Pío XI que desenmascaraba el carácter anticristiano del régimen, incluyendo la intención de imponer la raza aria, y condenó el nazismo. La encíclica, prohibida en Alemania, fue introducida en el país de modo clandestino y leída el 21 de marzo de 1937, en las 11 500 parroquias del Reich. Después de esto, la furia de Hitler se desencadenó sin freno contra la Iglesia romana. Tanto fue así que el ministro de propaganda nazi, Joseph Goebbels, escribió en su diario: «Ahora los curas tendrán que aprender a conocer nuestra dureza, nuestro rigor y nuestra inflexibilidad».

- En su presentación de la encíclica, el futuro Pío XII comparó a Hitler con el diablo y advirtió proféticamente su temor de que los nazis lanzaran una «guerra de exterminación».

- El arzobispo de Viena, el cardenal Theodor Innitzer, al que le hizo una amonestación Pacelli cuando todavía era secretario de Estado vaticano, en 1938. Ese año, el arzobispo, junto a otros prelados austríacos, había acogido con entusiasmo la llegada de Hitler. Pues bien, Eugenio Pacelli y Pío XI convocaron urgentemente a Innitzer en Roma. Pacelli fue muy frío y obligó a Innitzer a firmar en su presencia una retractación, que fue publicada en *L'Osservatore Romano*. Esto demuestra que tanto Pacelli como Pío XI rechazaron la posición de la Iglesia austríaca.
- A lo largo de los años treinta, Pacelli fue largamente objeto de ataques satíricos por parte de la prensa nazista como el cardenal de Pío XI «amante de los hebreos» por las sesenta notas diplomáticas de protesta enviadas a los alemanes como secretario de Estado vaticano.

A estos hechos hay que añadir los más salientes de la acción de Pío XII durante la guerra:

- En su primera encíclica, *Summi pontificatus*, publicada con prisas en 1939 para implorar la paz, hizo un llamamiento a entrambos los campos en conflicto en lugar de condenar a uno. Muy significativamente citó a san Paolo: «ya no existe griego ni judío», usando la palabra *judío* precisamente en el contexto de un rechazo de la ideología racial. El *New York Times*, el 28 de octubre de 1939, acogió la encíclica con el título de primera página *El Papa condena a los dictadores, a los violadores de tratados y al racismo*. Aeroplanos aliados lanzaron miles de copias del periódico sobre Alemania para alimentar el sentimiento antinazi.
- En 1939 y 1940, Pío XII actuó como intermediario secreto entre los conjurados alemanes contra Hitler y los ingleses, y corrió un gran riesgo al avisar a los Aliados sobre la inminente invasión alemana de Holanda, Bélgica y Francia.

- En enero de 1940, el papa dio instrucciones a *Radio Vaticana* para que revelara «la tremendas crueldades de una bárbara tiranía», que los nazis estaban infligiendo a los hebreos y a los católicos polacos. Dando noticia de la transmisión la semana sucesiva, el *Jewish Advocate* de Boston la alabó por lo que en realidad era: «una explícita denuncia de las atrocidades alemanas en la Polonia nazi, declaradas un insulto a la conciencia moral de la humanidad». El *New York Times* publicó un editorial en el que se decía: «Ahora el Vaticano ha hablado con una autoridad que no puede ser discutida y ha confirmado los peores indicios de emergidos de la tiniebla polaca». En Inglaterra, el *Manchester Guardian* saludó a la *Radio Vaticana* como «la abogada más poderosa de la Polonia torturada».
- En marzo de 1940, Pío XII concedió audiencia a Joachim von Ribbentrop, ministro alemán de Asuntos Exteriores y único nazi de alto rango que visitó el Vaticano. Ribbentrop expresó severas críticas al papa, acusándolo de estar de la parte de los Aliados, tras lo cual Pío XII comenzó a leerle una larga lista de atrocidades alemanas. «Con las inflamadas palabras con las que habló a Herr Ribbentrop», escribió el *New York Times* el 14 de marzo, Pío XII «se convirtió en el defensor de los hebreos en Alemania y Polonia».
- Cuando los obispos franceses, en 1942, difundieron cartas pastorales que atacaban las deportaciones, Pío XII mandó al nuncio Valeri que protestara ante el gobierno de Vichy contra «los arrestos inhumanos y las deportaciones de hebreos desde la zona de ocupación francesa en Slesia y en cierta parte de Rusia». La *Radio Vaticana* comentó las cartas episcopales durante seis días seguidos, en un momento en el que escuchar *Radio Vaticana* en Alemania y en Polonia era un crimen por el que algunos fueron condenados a muerte. (El 6 de agosto de 1942 el *New York Times* titulaba: «Se dice que el papa ha lanzado un llamamiento en favor de los hebreos en lista de deportación de Francia». Y el *Times*, tres semanas más tarde, escribía: «Vichy captura a los hebreos. Ignorado

Papa Pío XII».) Como retorsión, durante el otoño de 1942, Goebbels hizo difundir diez millones de copias de un opúsculo que definía a Pío XII como «el Papa filo-hebraico» y mencionaba explícitamente sus intervenciones en Francia.

- El *New York Times* en su editorial de Navidad de 1941, elogió a Pío XII por «ponerse plenamente contra el hitlerismo» y por «no dejar duda de que los objetivos de los nazis son irreconciliables con su propio concepto de la paz cristiana».

- Varios historiadores judíos, como Joseph Lichten, de B'nai B'rith (organización judía dedicada a denunciar el antisemitismo y mantener viva la memoria del genocidio nazi), documentaron los esfuerzos del Vaticano en favor de los hebreos perseguidos. Según el mismo Lichten, en septiembre de 1943, Pío XII ofreció bienes del Vaticano como rescate de judíos apresados por los nazis. También recuerda que, durante la ocupación alemana de Italia, la Iglesia, siguiendo instrucciones del papa, escondió y alimentó a miles de judíos en la Ciudad del Vaticano y en Castel Gandolfo, así como en templos y conventos. Lichten, escribiendo en el boletín del Jewish Antidefamation League (Liga judía contra la difamación) dijo en 1958 que «la oposición (de Pío XII) al nazismo y sus esfuerzos para ayudar a los judíos en Europa eran bien conocidos al mundo que sufre».

- Después de la guerra, organizaciones y personalidades judías reconocieron varias veces oficialmente la sabiduría de la diplomacia de Pío XII.

- En 1943, Chaim Weizmann, que sería después el primer presidente de Israel, escribió que «la Santa Sede está prestando su poderosa ayuda donde puede para atenuar la suerte de mis correligionarios perseguidos».

- Moshe Sharett, el segundo en la serie de los primeros ministros israelíes, encontró a Pío XII en los últimos días de guerra y le dijo que su «primer deber era agradecerlo y, a través de él, agradecer a la Iglesia católica de parte de la opinión pública hebrea por todo lo que habían hecho en los diversos países para salvar a los hebreos».

- Isaac Herzog, rabino jefe de Israel, en febrero de 1944 envió un mensaje en el que declaró: «El pueblo de Israel no olvidará jamás lo que Su Santidad y sus ilustres delegados, inspirados en los eternos principios de la religión, que forman las verdaderas bases de una auténtica civilización, están haciendo para nuestros desafortunados hermanos y hermanas en la hora más trágica de nuestra historia, prueba viviente de la existencia de la Divina Providencia en este mundo».

Ese mismo año, el sargento mayor Joseph Vancover escribió: «*Deseo hablar de la Roma judía, del gran milagro de haber encontrado aquí a miles de judíos. Las iglesias, los conventos, los frailes y las monjas y, sobre todo el pontífice, han acudido en ayuda y para el salvataje de los judíos, sustrayéndolos de las garras de los nazis y de los fascistas colaboracionistas italianos. Se llevaron a cabo grandes esfuerzos no exentos de peligros para esconder y alimentar a los judíos durante los meses de la ocupación alemana. Algunos religiosos pagaron con su vida por efectuar esta obra de salvataje. Toda la Iglesia se movilizó a tal fin, obrando con gran fidelidad. El Vaticano fue el centro de toda actividad de asistencia y salvataje, en el marco de la realidad y del dominio nazi*».

En una carta enviada desde el frente italiano por el soldado Eliyahu Lubisky, miembro del *kibbutz* socialista Bet Alfa, publicada en el semanario *Hashavua* el 4 de agosto de 1944, se lee: «*Todos los prófugos describen la admirable ayuda por parte del Vaticano. Los sacerdotes pusieron en peligro sus vidas para esconder y salvar a los judíos. El mismo pontífice participó en la obra de salvataje de los judíos*».

Un dato más todavía, del 15 de octubre de 1944, es el relato de Silvio Ottolenghi, comisario extraordinario de las comunidades israelitas de Roma: «*Miles de hermanos nuestros se han salvado en los conventos, en las iglesias, en las zonas extraterritoriales. El 23 de julio tuve el honor de ser recibido por Su Santidad, a quien le he llevado el agradecimiento de la comunidad de Roma por su heroica y afectuosa asistencia realizada por el clero, a través de los conventos y los colegios... He referido a*

Su Santidad el deseo de los correligionarios de Roma de concurrir en masa para agradecerle. Pero no se podrá efectuar tal manifestación sino al final de la guerra, para no perjudicar a todos los que en el norte tienen todavía necesidad de ser protegidos».

- El Congreso Judío Mundial agradeció en 1945 la intervención del papa, con un generoso donativo al Vaticano.
- Israel Zolli, gran rabino de Roma, quien como nadie pudo apreciar los esfuerzos caritativos del papa por los judíos, al terminar la guerra se convirtió al catolicismo y tomó en el bautismo el nombre de pila del papa, Eugenio, en señal de gratitud. Además, escribió un libro narrando su conversión y ofreciendo numerosos testimonios sobre la actuación de Pío XII en favor de los judíos.
- El jueves 7 de septiembre de 1945 Giuseppe Nathan, comisario de la Unión de Comunidades Judías Italianas, declaró: «Ante todo, dirigimos un reverente homenaje de gratitud al sumo pontífice y a los religiosos y religiosas que, siguiendo las directrices del santo padre, vieron en los perseguidos a hermanos, y con valentía y abnegación nos prestaron su ayuda, inteligente y concreta, sin preocuparse por los gravísimos peligros a los que se exponían» (*L'Osservatore Romano*, 8 de septiembre de 1945, p. 2).
- El 21 de septiembre del mismo año, Pío XII recibió en audiencia al doctor A. Leo Kubowitzki, secretario general del Congreso Judío Internacional, que acudió para presentar «al santo padre, en nombre de la Unión de las Comunidades Judías, su más viva gratitud por los esfuerzos de la Iglesia católica en favor de la población judía en toda Europa durante la guerra» (*L'Osservatore Romano*, 23 de septiembre de 1945, p. 1).
- El jueves 29 de noviembre de 1945, el papa recibió a cerca de ochenta delegados de prófugos judíos, procedentes de varios campos de concentración en Alemania, que acudieron a manifestarle «el sumo honor de poder agradecer personalmente al santo padre la generosidad demostrada hacia los perseguidos

durante el terrible período del nazi-fascismo» (*L'Osservatore Romano*, 30 de noviembre de 1945, p. 1).

- En 1958, al morir Pío XII, Golda Meir (ministro de Asuntos Exteriores de Israel) envió un elocuente mensaje: «Compartimos el dolor de la humanidad (...). Cuando el terrible martirio se abatió sobre nuestro pueblo, la voz del papa se elevó en favor de sus víctimas. La vida de nuestro tiempo se enriqueció con una voz que habló claramente sobre las grandes verdades morales por encima del tumulto del conflicto diario. Lloramos la muerte de un gran servidor de la paz». Nota al pie n. 16 del documento «Nosotros recordamos: una reflexión sobre la Shoah».

- El presidente de los Estados Unidos, Eisenhower, al morir el papa, dijo: «El mundo ahora es más pobre después de la muerte del papa Pío XII»

- El bien de los judíos requería que el papa se abstuviera de hacer declaraciones contra los nazis durante la ocupación alemana. La ayuda se tenía que efectuar por otros medios. También la Cruz Roja Internacional y el Consejo Ecuménico de las Iglesias coincidieron con la Santa Sede en que era mejor guardar silencio para no poner en peligro los esfuerzos en favor de los judíos. Pero nadie ataca a la Cruz Roja por su «silencio» ante el Holocausto ni a otros gobiernos e instituciones internacionales.

- El diplomático Israelí Pinchas Lapide calculó que Pío XII fue personalmente responsable por salvar al menos a 850 000 judíos.

- El historiador judío Richard Breitman, escribió un contundente libro sobre el Holocausto. Como consultor del grupo de trabajo para la restitución de los bienes a los judíos (grupo que obtuvo la desclasificación de los dosieres del OSS). En una entrevista al *Corriere della Sera* del 29 de junio del 2000, Breitman, que era hasta entonces el único autorizado a ver los documentos del OSS (el espionaje estadounidense en la Segunda Guerra Mundial), explicó que lo que más le había impresionado había sido la hostilidad alemana hacia el papa y el plan de germanización del país de septiembre de 1943. Breitman encontró también «sorprendente el silencio aliado sobre el Holocausto».

Papa Pío XII en la *Silla gestatoria* durante una misa para conmemorar el
décimo aniversario de su coronación papal, el 2 de marzo de 1949

CONCLUSIONES

La difamación de Pio XII y de la Iglesia de su tiempo oculta una forma misteriosa de martirio. La verdad tiene muchos testigos y el error pocos argumentos, pero el error se difunde ampliamente. Las calumnias se difunden fácilmente en un mundo en el que cuenta más la apariencia que el ser. Hay que darse cuenta de que las calumnias se difunden en todos los continentes, apoyadas con las mismas argumentaciones y hasta con las mismas fotos. Es difícil no pensar que se trata de una campaña bien orquestada. Pero la Iglesia ha debido afrontar calumnias y acusaciones durante toda su historia.

En cuanto a las implicaciones políticas, el asunto Pío XII[93] es solo un pretexto para presionar a la Santa Sede, sobre todo en lo relativo

---

93 Según A.A. PERSICO, *Il caso Pio XII. Mezzo secolo di dibattito su Eugenio Pacelli*, (Milán 2008), ningún papa del siglo XX ha sido tan discutido y la polémica sobre Eugenio Pacelli se ha ampliado progresivamente hasta tocar todos los aspectos de la historia de la Iglesia contemporánea: su actitud hacia la modernidad, las relaciones con los hebreos, la cuestión del comunismo, el papel de la autoridad eclesiástica y el de los laicos, las relaciones ecuménicas e interreligiosas, etc. El debate sobre la figura de Pío XII se ha convertido en un evento cultural entre los más relevantes a nivel internacional y esta obra lo recorre por primera vez en su globalidad, reconstruyendo cincuenta años de estudios, polémicas y apologías. Alessandro Angelo Persico, en particular, pone de relieve la importancia de dos orientaciones de la investigación: la expresada por Giovanni Miccoli, centrada en el nexo entre la actitud antimoderna de la Iglesia católica y el presunto «silencio» de Pío XII sobre la Shoah, y la interpretada por Andrea Riccardi, que contrasta el artificioso aislamiento de Pío XII, producido por el enfrentamiento entre polémica y apología, y sitúa a este pontificado dentro de la compleja realidad de la Iglesia y del mundo contemporáneo. Siguiendo el debate en sus múltiples articulaciones, el volumen afronta también los principales temas de la historiografía sobre el papado entre los siglos XIX y XX, con muchas referencias a la historia de la Iglesia, al movimiento católico y a los fenómenos religiosos en la sociedad contemporánea.

a la intervención de esta en temas de Oriente Medio y, en particular, sobre el Estatuto de Jerusalén.

A raíz del documento de la Santa Sede *Nosotros recordamos* (1998), renació la controversia sobre el papel de la Iglesia en la génesis del antijudaísmo.

¿Fue la Iglesia responsable del antisemitismo?

La Iglesia está dispuesta a reconocer los errores de algunos de sus hijos respecto al antijudaísmo. Sin embargo, en lo referente al racismo antisemita del régimen nazi, la Iglesia rechaza toda implicación. A menudo se confunde antisemitismo con antijudaísmo. Es un malentendido que no favorece el diálogo. *Antisemitismo* es un término ambiguo que en los tiempos modernos ha adquirido una connotación racial, mientras que *antijudaísmo* tiene ante todo una connotación religiosa. ¿Y cómo olvidar a tantos sacerdotes y laicos católicos que acabaron en los campos de concentración por haber defendido a los judíos?

¿Fue Pío XII un obstáculo o una ayuda para Hitler?

La Santa Sede no disponía de la fuerza militar, económica o política para obstaculizar de manera decisiva los planes de Hitler, pero era temida por los nazis, por ser una de las pocas instituciones que no habían perdido la credibilidad y gozaba de gran influencia sobre los pueblos europeos.

Como conclusión de esta disertación sobre el tema de las relaciones entre la Iglesia y el hebraísmo, hay que decir, a la luz de hechos y publicaciones recientes que, precisamente cuando por una parte se trata de superar viejas y condenadas actitudes y se intenta recuperar una unidad espiritual y una reconciliación, no faltan, por otra, quienes todavía prefieren levantar barreras, encender nuevas hostilidades y reabrir viejas polémicas, sobre todo desempolvando de cuando en cuando el «silencio de los católicos sobre los hebreos» y las presuntas responsabilidades de la Iglesia y de Pío XII, que parece ser un filón inagotable de «culpas históricas».

Todo esto permite formular legítimamente esta pregunta final: ¿no será que, el antijudaísmo y el antisemitismo son una buena excusa para disimular también una forma de anticristianismo y para atacar a la Iglesia católica?

El mejor argumento para responder a las acusaciones contra Pío XII es recordar un hecho muy significativo: el que fuera Gran Rabino de Roma durante la guerra, Israel Zolli, al terminar la guerra y cuando su decisión había de depararle mucho más perjuicio que provecho, se convirtió al catolicismo, y al ser bautizado quiso tomar, en signo de gratitud al papa Pacelli, el nombre de Eugenio.

Toda la cuestión de los llamados *silencios* de Pío XII, una polémica tardía después de los innumerables reconocimientos que se le tributaron a este papa desde la liberación de Roma, es más, desde los bombardeos del verano de 1943, falsifica la verdad. *Silencio* habría sido acceder a la tentación del martirio personal con el consiguiente abandono de Europa, además de la Iglesia, sin una guía, una referencia, un principio al menos que en las formas posibles continuase subsistiendo y promoviendo lo bueno y lo justo, precisamente como hacían entonces todos los hombres de buena voluntad. El duro enfrentamiento, casi físico, entre el Führer y el nuncio en Berlín, Orsenigo, sobre el tratamiento del pueblo hebreo es solo un indicio de lo mucho que revelarán los archivos cuando puedan ser estudiados con serenidad y equilibrio.

La actividad desarrollada por Pío XII y por la Iglesia para salvar a los hebreos es todavía poco conocida y minusvalorada. Pocos recuerdan que, mientras el 67% de los hebreos europeos perdió la vida en la «solución final» hitleriana, el 85% de los hebreos italianos se salvó. Y todavía menos se recuerda que esto ocurrió porque en Italia fue determinante la obra directa e indirecta de la Iglesia católica y, en ella, el papel fundamental de Pío XII.

Un papel que le fue reconocido al final de la guerra en todo el mundo, sobre todo, por parte de la comunidad hebrea que, en muchas ocasiones y de forma oficial, agradeció al pontífice sus gestos de ayuda. Solo, cuando en 1963 Rolf Hochuth puso en escena un drama en el que insinuaba un presunto silencio culpable del papa

Pacelli, la verdad histórica, científicamente demostrada, quedó un tanto ofuscada[94].

Es necesario recordar constantemente estos hechos para evitar un grave riesgo: el peligro de que la repetición continua de las acusaciones de silencio contra Pío XII sea aceptado, con el pasar del tiempo, como un hecho histórico. Este es el mecanismo perverso: se da por bueno lo que no es bueno y, después, si nadie protesta, todos acaban por creérselo. Contra esta fórmula de persecución subrepticia, que ignora o altera los datos de la historia, hablan en cambio los hechos. Por ello, es necesario que se documente la maravillosa obra de caridad desarrollada por la Iglesia, que se defienda la santa memoria de Pío XII y que termine, de una vez para siempre, la ignominiosa calumnia sobre su *silencio*. Porque esto es completamente falso, el papa no estuvo *silencioso*, sino que habló e intervino en la medida de sus posibilidades transmitiendo un mensaje de caridad y de verdad.

A todo lo dicho hay que añadir una observación conclusiva, y es que, en lugar de los *silencios*, habría que destacar las intervenciones del Vaticano, que fueron muy numerosas. No solo las personales de Pío XII, sino también las de sus principales colaboradores, el cardenal Maglione, secretario de Estado, y los monseñores Tardini y Montini. Todos ellos tuvieron que afrontar entre 1939 y 1945 gravísimos problemas, ante muchos de los cuales vivieron con una angustiosa perplejidad.

Uno de los efectos secundarios de la polémica sobre la figura de Pío XII ha sido haber eclipsado otros aspectos de su extraordinario magisterio[95], a la vez que han ofuscado la enorme obra de caridad que promovió, abriendo las puertas de los seminarios y de los insti-

---

94 R. MORO, *La Chiesa e l'Olocausto* (Bolonia 2002); J.M. SÁNCHEZ, *Pius XII and the Holocaust. Understanding the controversy* (Washington D.C. 2002); B. SCHNEIDER, *Pio XII. Pace, opera della giustizia* (Milán 2002); M. PHAYER, *Pius XII, the Holocaust and the cold war,* (Bloomington 2008).

95 El periodista italiano Andrea TORNIELLI escribió una biografía de Pío XII titulada *Pio XII. Un uomo sul trono di Pietro (Milán, Piemme, 2007)* para rescatar algunos escritos del Pontífice, por ejemplo, su encíclica sobre la liturgia, sobre la reforma de los ritos de la Semana Santa, el gran trabajo preparatorio que desembocará en la reforma litúrgica conciliar. También abrió el camino a la aplicación del método histórico-crítico a la Sagrada Escritura e imprimió un notable impulso a la actividad misionera.

tutos religiosos, acogiendo a refugiados y perseguidos, ayudando a todos y, aun cuando se abran completamente los archivos vaticanos correspondientes al pontificado de Pío XII, poco o nada cambiará en la polémica, según opina John Allen (se abrieron en parte el 2 de marzo de 2020).

En primer lugar, porque el centro de la acusación es que Pío XII no hizo una denuncia clara y pública del nacionalsocialismo, o una llamada inequívoca a los cristianos para que protegieran a los judíos. La naturaleza del caso, por lo tanto, se refiere a las intervenciones públicas del papa, que son ya bien conocidas. Por definición, nada que contengan los archivos sobre sus personales puntos de vista o de sus acciones entre bastidores podrá influir en el quid de la cuestión. Los críticos están generalmente dispuestos a reconocer todo lo que el papa hizo en privado para ayudar a las personas, pero siguen manteniendo que esto no le redime de su falta por no haber hablado con más claridad en público.

En segundo lugar, otra de las bases de la acusación contra Pío XII se refiere a especulaciones de qué habría pasado si hubiera actuado de otra forma. Los críticos dicen que la maquinaria nazi podría haberse detenido, mientras que los defensores afirman que se hubiera desencadenado una mayor persecución contra judíos y católicos. Nadie puede estar seguro, y nada contenido en los archivos puede resolver esta cuestión hipotética.

En tercer lugar, incluso después de la apertura de los archivos, si no se encontrara nada negativo para Pío XII, siempre habría sectores que sospecharían que se habría purgado cualquier cosa que pudiera enturbiar la memoria del papa.

En definitiva, es ingenuo pensar que la apertura de los archivos bastará para resolver los debates sobre Pío XII[96]. Sin embargo, quiero ser más optimista y comparto la opinión de Sale de que la reciente apertura de los archivos vaticanos referentes al pontificado pacelliano, como también la de los otros archivos de gobierno esparcidos por el mundo, contribuirá a aclarar esta delicada materia

---

96 Estas reflexiones fueron expuestas en 2007 por el periodista vaticanista John Allen en la web del *National Catholic Reporter*.

y a hacer justicia a un papa que ha sido, en el difícil clima de la guerra, un sabio obrero de paz y un maestro de humanidad.

Quizá solo en un mundo al revés como el nuestro, el único hombre que, en el periodo bélico, hizo más que ningún otro líder por ayudar a los judíos y a otras víctimas del nazismo, recibe la condena más dura, a pesar de que los detractores de Pío XII no tienen ninguna prueba para sostener su principal acusación: la de que guardó silencio, que fue favorable al nazismo y que hizo poco o nada por ayudar a los judíos.

La gran calumnia contra Pío XII se puso de moda a partir de los años sesenta con otros temas y motivos —como el de los silencios del papa sobre la Shoah—, también estos con frecuencia usados instrumentalmente para golpear a la Iglesia católica y mantenerla bajo chantaje continuo. Pero ha sido tantas veces repetida que es ya aceptada por muchos como una verdad irrefutable. Con estas mentiras, los enemigos de la Iglesia quieren desprestigiar a Pío XII y, de este modo, desprestigiar el papado. Esperan poder así apagar la voz de la Iglesia y crear una Iglesia sin autoridad que puedan manipular con encuestas y los valores del mundo. La Iglesia, ellos saben bien, es el baluarte contra la cultura de la muerte. Es asombroso ver la complicidad en esta patraña entre casi todos los medios, en las universidades, entre los profesionales... Los hechos están ampliamente documentados y al alcance de quien quiera conocerlos. Estudios recientes están contribuyendo a analizar con mayor objetividad y distancia la figura y la obra de Pío XII separada de la leyenda negra y de las ideologías que por demasiados años la han tenido prisionera.

El *Talmud* enseña que quien salva una vida es considerado en la Sagrada Escritura como si hubiera salvado al mundo entero.

Pío XII cumplió este dicho talmúdico mucho más que cualquier otro líder del siglo XX, cuanto estuvo en juego la suerte del hebraísmo europeo. Ningún otro papa fue tan intensamente apreciado por los hebreos, y no se equivocaron. Su gratitud, así como la generación entera de los supervivientes del Holocausto, atestiguó que Pío XII fue genuina y profundamente un *Justo entre la Naciones*.